PAS

a first course in

Spa

Support Book

Rosa María Martín and
Martyn Ellis

3rd **edition**

Hodder Arnold

A MEMBER OF THE HODDER HEADLINE GROUP

Orders: please contact Bookpoint Ltd, 130 Milton Park, Abingdon, Oxon OX14
4SB. Telephone: (44) 01235 827720, Fax: (44) 01235 400454. Lines are open from
9.00–5.00, Monday to Saturday, with a 24-hour message answering service.
You can also order through our website www.hoddereducation.co.uk

If you have any comments to make about this, or any of our other titles,
please send them to educationenquiries@hodder.co.uk

British Library Cataloguing in Publication Data
A catalogue record for this title is available from The British Library

ISBN: 978 0 340 94226 0

First published 1991
This edition published 2007
Impression number   10 9 8 7 6 5 4 3 2 1
Year   2010 2009 2008 2007

Cover photo from Stacy Gold/National Geographic/Getty
Typeset by Transet Limited, Coventry, England.
Printed in Great Britain for Hodder Arnold, an imprint of Hodder Education,
a member of the Hodder Headline Group, 338 Euston Road, London, NW1 3BH
by CPI Bath.

Contents

Key to exercises

Lección 1

■ 4

3 p.m.	Buenas tardes
10 a.m.	Buenos días
11 p.m.	Buenas noches
7 p.m.	Buenas tardes
7 a.m.	Buenos días
8 p.m.	Buenas tardes

■ 6

1 F **2** I **3** I **4** F **5** I

■ 7a

2 ¿Cómo te llamas?
¿Y tú?
¿Qué tal?
3 ¿Cómo se llama?
¿y usted?
Mucho gusto.
Mucho gusto.

■ 9

1 e **2** a **3** c **4** f **5** d **6** b

■ 10

camarero/a	profesor(a)	estudiante	recepcionista
arquitecto/a	pintor(a)	representante	taxista
(architect)	*(painter)*	*(representative)*	*(taxi driver)*
médico/a	conductor(a)	cantante	deportista
(doctor)	*(driver)*	*(singer)*	*(sportsman/woman)*
carpintero/a	director(a)		electricista
(carpenter)	*(director)*		*(electrician)*
ingeniero/a	escritor (a)		periodista
(engineer)	*(writer)*		*(journalist)*
fontanero/a	policía		oficinista
(plumber)	*(police officer)*		*(office worker)*
	vendedor(a)		
	(sales person)		

■ 12b

1 Soy **2** Eres **3** soy **4** Soy
5 es **6** Eres **7** Soy

■ 14a

1 Se llama Juan Luis Guerra.
Es cantante.
2 Se llama Javier Reverte.
Es periodista.
3 Se llama Miquel Barceló.
Es pintor.
4 Se llama Carmen Posadas.
Es escritora.
5 Se llama Lionel Messi.
Es futbolista.
6 Se llama Agatha Ruiz de la
Prada. Es diseñadora.

■ 16

1 inglesa **2** brasileño
3 francés **4** japonés
5 alemana **6** norteamericana
7 irlandesa **8** escocesa
9 galesa **10** italiano

■ 18

1 p.38 **2** p.24 **3** p.54 **4** p.111
5 p.114 **6** p.18 **7** p.82 **8** p.27
9 p.6 **10** p.47

■ 19

1 Bulgaria **2** Evelin Rosenhart
3 Yoom Im Chang **4** Carmen
Mezei

■ 20

1 el padre **2** el marido **3** la
madre **4** Luis **5** Javier **6** el
hermano **7** la hija **8** Javier

■ 22

1 Arturo **2** Mari **3** Susana/
Miguel **4** Miguel/Susana

■ 25

1 García **2** Fernández
3 Martínez **4** Yuste
5 Gonzálvez **6** Ezquerra

■ 27

■ Ejercicios

A 1 Buenos días. **2 Buenas**
tardes. **3** ¿Cómo te **llamas**?
4 Me **llamo** Pedro.
5 ¿Cómo se **llama** usted?

B 1 M/F **2** F **3** M **4** M **5** M/F
1 estudiante **2** camarero
3 directora **4** arquitecta
5 recepcionista

C 1 soy **2** es **3** eres **4** es **5** es

D 1 argentina **2** francés
3 mexicano **4** española
5 colombiana

E Juan Alex, ¿de dónde
eres?
Alex **Soy** español, ¿y tú?
Juan **Soy** colombiano.
Alex ¿De dónde **es** María?
Juan María **es** argentina,
es de Buenos Aires.

	Pareja 1	Pareja 2	Pareja 3
Relación	hermanos	padre e hija	hermanos
¿De dónde son?	Barcelona	Madrid	Córdoba
Profesiones	**a** policía	**a** secretaria	**a** actriz
	b enfermero	**b** camarero	**b** estudiante

■ 29

1 Las Filipinas **2** Una mujer
famosa **3** Tres **4** Cinco **5** Tres,
una, una **6** Cantante, marqués,
banquero (exministro del
gobierno) **7** Miguel Boyer

F 1 la hermana **2** la madre
3 la hija

G 1 las hermanas **2** los padres
3 los hermanos **4** los hijos

H 1 tienes **2** tengo **3** tiene

Lección 2

■ Prepárate a

1 patatas fritas **2** olivas
3 agua mineral (con/sin gas)
4 empanadillas **5** café con
leche **6** cerveza **7** tortilla de
patata **8** sardinas **9** vino
10 té **11** refrescos

■ Prepárate c

jamón (*ham*), queso (*cheese*),
pan (*bread*), calamares (*squid*),
café solo (*black coffee*), zumo
de naranja (*orange juice*), coca
cola (*cola*)

■ 1

1 café con leche / *white coffee*
2 Quiero un café, por favor. /
I'd like a coffee, please.
3 ¿Algo más? / *Anything else?*

■ 2

café ✔ zumo de naranja ✔
coca cola ✘ cerveza ✔
pan ✘ tortilla de patata ✘
jamón ✔ queso ✘

■ 3

1 María ¿**Quieres** un té?
　Juan No, **gracias**. **Quiero**
　　　　un café solo.
2 María ¿**Quieres** una
　　　　cerveza?
　Juan No, **gracias**. **Quiero**
　　　　un whisky.

3 María ¿Quieres un café con
　　　　leche?
　Juan No, gracias. Quiero
　　　　un té con limón.
4 María ¿Quieres un vino
　　　　blanco?
　Juan No, gracias. Quiero
　　　　un vino tinto.
5 María ¿Quieres una tónica?
　Juan No, gracias. Quiero
　　　　un agua mineral.
6 María ¿Quieres un zumo de
　　　　naranja?
　Juan No, gracias. Quiero
　　　　una coca cola.

■ 7

1 Bar Miguel **2** Miguel
3 María **4** Belchite **5** un bar
familiar **6** un aperitivo / un
plato pequeño de comida
7 jamón, queso, chorizo,
tortilla de patata

■ 8a

1 Quiere **2** hay **3** Hay **4** Quiero

■ 10a

Camarero ¿Qué quieren
　　　　comer?
Mujer El menú del día, por
　　　　favor, para los dos.

■ 10b

sopa, ensalada, carne con
patatas fritas, pollo con
ensalada, vino tinto, agua con

gas, helado, fruta (melón), café con leche, cortado.

■ 10c

1 quieren **2** primer **3** quiero **4** usted **5** ensalada **6** Vino **7** postre **8** por favor **9** leche **10** cuenta

■ 12

1 a **2** d **3** e **4** b **5** c **6** f **7** g **8** h

■ 13

	María	Alfonso
¿Dónde vive?	Barcelona	Barcelona
¿De dónde es?	Valencia	Argentina
¿Cuál es su profesión?	estudiante	músico/oficinista
¿Qué quiere beber?	café con leche	cerveza

■ 15a

Bogotá	4
Ciudad de México	6
Lima	2
Caracas	7
Santiago	3
Málaga	1
Montevideo	5

■ 16b

a 4 **b** 3 **c** 1 **d** 5 **e** 2

■ 17a

1 periodista / paseo / 416968
2 Izquierdo / profesora / avenida / 917
3 director de banco / Popular / calle / 7961

■ 17b

1 periodista: *journalist*
2 profesora: *teacher* **3** director de un banco: *bank manager*

■ 18a

11, 12, 15, 17, 18, 21, 32, 54, 87, 100

■ 18b

once, doce, quince, diecisiete, dieciocho, veintiuno, treinta y dos, cincuenta y cuatro, ochenta y siete, cien

■ 20

Noventa y tres, siete-ocho-ocho, ochenta y cuatro, sesenta y dos.
Noventa y cuatro, siete-dos-cinco, setenta y cinco, cincuenta y nueve.
Nueve-siete-seis, treinta y tres, cuarenta y cinco, cincuenta y cuatro.
Nueve-siete-seis, cuarenta y seis, ochenta y uno, setenta y nueve.

■ 21

1 Yuste **2** Y-U-S-T-E **3** Roger Tur **4** 29 **5** R-O-G-E-R T-U-R **6** 32 años

■ 24b

a 876 b 928 c 377 d 101
e 750

■ 24c

a ochocientos veintiuno
b cuatrocientos noventa y dos
c quinientos ochenta y ocho
d seiscientos diecisiete
e trescientos noventa y nueve

■ 25

	Jaime	Marisa	Pedro
Primer plato	ensalada mixta	sopa de pollo	tortilla de patata
Segundo plato	macarrones con salsa de tomate	bistec con patatas fritas / macarrones con salsa de tomate / pavo con salsa de champiñones	¡nada!
Postre	helado	helado / fruta	flan
Bebida	agua	cerveza / vino	agua

■ Ejercicios

A 1 un 2 una 3 unas 4 unos
  5 una
B 1 quieres 2 Quiero 3 quiere
  4 quiero
C 1 el 2 El 3 los 4 Las
D 1 vives 2 Vivo 3 vive

Lección 3

■ Prepárate a
1 e 2 c 3 g 4 a 5 d 6 h
7 b 8 f

■ Prepárate c
1 Perú 2 Argentina 3 Ecuador
4 Venezuela 5 Bolivia
6 Uruguay 7 Nicaragua
8 Guatemala

■ 1
1 Es de Colombia.
2 Tiene 5,000,000 habitantes.
3 Está en el centro del país.
4 Vive en Madrid.

■ 2b
Madrid está en el centro de España.
Barcelona está en el noreste de España.

Bilbao está en el norte de España.

Málaga está en el sur de España.

La Coruña está en el noroeste de España.

Cáceres está en el oeste de España.

Valencia está en el este de España.

Murcia está en el sureste de España.

Sevilla está en el suroeste de España.

■ 6a

■ 7a

Examples

¿De dónde es?

¿Cómo se llama?

¿Cómo es la ciudad?

¿Dónde está la ciudad?

¿A cuántos kilómetros está de la capital?

¿Cuántos habitantes tiene la ciudad?

■ 8a

1 Amaya Arzuaga es diseñadora de moda. Es española. Es de Lerma, un pueblo pequeño que está en el norte de España a 40 kilómetros de Burgos. Lerma tiene 2.500 habitantes.

2 Mari Pau Domínguez es periodista y escritora. Es catalana. Es de Sabadell que está en el noreste de España a 30 kilómetros de Barcelona. Sabadell tiene 200.000 habitantes.

■ 9a

1 ¿De dónde es (usted)?

2 ¿Dónde está Belchite?

3 ¿Vive allí?

4 ¿Es grande (Belchite)?

5 ¿Cómo es? / (¿Qué hay en Belchite?)

■ 14

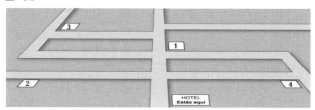

■ 16a

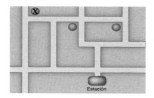

■ 22

Situación	entre el Pacífico y los Andes, al oeste del continente americano
Superficie	200 km x 4.000 km
Habitantes	12.000.000
Capital	Santiago
Otra información	• Tiene el desierto más seco del mundo. • Su capital tiene 4.000.000 habitantes y tiene aspecto europeo; es moderna, limpia y ordenada; está muy lejos de Patagonia.

■ Ejercicios

A 1 Soy; Estoy 2 está 3 soy
4 es 5 Estás

B 1 Tengo 2 tiene 3 tienes

C 1 Marbella está en el sur de España. Está cerca de Málaga, a 40 km.

2 León está en el sur de México. Está lejos de Ciudad de México, a 300 km.

3 Sabadell está en el noreste de España. Está cerca de Barcelona, a 30 km.

4 Arequipa está en el sur de Perú. Está lejos de Lima, a 800 km.

5 Madrid está en el centro de España. Está lejos de Sevilla, a 600 km.

D 1 en la esquina **2** al lado de **3** enfrente de **4** en el semáforo **5** sobre; debajo de **6** delante de; detrás de **7** entre

Lección 4

■ Prepárate a
1 h **2** d **3** g **4** a **5** b **6** f **7** c **8** i **9** e **10** j

■ 1
1 individual **2** tres **3** tres **4** cien **5** 520

■ 5
1 el cuatro de junio
2 el tres de abril
3 el quince de noviembre
4 el treinta y uno de mayo
5 el diez de agosto
6 el uno de marzo
7 el veintitrés de octubre

■ 2

	nº de habitaciones	individual/ doble	¿baño?	nº de noches	desayuno / media pensión / pensión completa
1	1	doble	✓	4	media pensión
2	2	una doble con dos camas, una individual	✓	1	desayuno
3	1	individual	✗	5	pensión completa

8 el diecinueve de diciembre.
9 el doce de septiembre
10 el uno de enero

■ 6

Cliente	Día	Mes	Noches
Cliente 1	25	junio	3
Cliente 2	17	marzo	11

■ 8

1 d **2** f **3** c **4** b **5** b **6** e **7** a

■ 9a

1 el veinticinco de mayo
2 ocho noches **3** una
habitación para tres personas
con terraza; una doble con
cama doble y sin terraza.

■ 9b

*We would like to stay for eight
nights; is this possible?*
*On the 25th we will arrive at
nine o'clock at night. Could you
keep our rooms?*
*What time does the restaurant
close?*
*Is breakfast included in the
price?*
Is the pool open in May?
Are dogs allowed in the hotel?
*Is there a garage? If there is, is
it necessary to reserve a
parking space?*

■ 9c

1 dos habitaciones
2 veinticinco de mayo **3** ocho
4 veinticinco de mayo
5 dos de junio **6** para tres
personas **7** terraza
8 habitación doble con cama
doble y sin terraza **9** el
desayuno **10** perros **11** hora

■ 10

1 115€ **2** 102 **3** 2 **4** 2 **5** No

■ 11

1 211 habitaciones, salones
para reuniones y banquetes,
jardines tropicales, piscinas,
tenis y paddel, fitness center,
jacuzzi y sauna, bares y
restaurante, parking y garaje
privado
2 Hotel Marbella Dinamar
3 Junto a la playa, en la zona
de Puerto Banus, muy
próximo a Marbella, a 60 km
del aeropuerto de Málaga
4 Es grande y moderno.

■ 12a

1 m **2** r **3** h **4** k **5** i **6** n **7** q
8 c **9** d **10** b **11** a **12** e **13** l
14 p **15** g **16** j **17** o **18** f

■ 14a

1 cómodo/bonito 2 grande
3 veinte 4 bonito/cómodo
5 antiguo 6 calefacción
7 doble 8 frigorífico 9 cama
10 terraza 11 jardín
12 restaurante 13 pueblo
14 tiendas 15 discoteca

■ 14b

1 Isabel 2 Ana 3 en los
Pirineos 4 bonito, antiguo,
cómodo 5 hotel Miramar
6 veinte 7 doble con baño
completa 8 cama grande y
cómoda, televisión satélite,
frigorífico y terraza con vistas
a la montaña 9 piscina, parque
infantil, bar, restaurante
10 tiendas, pistas de tenis,
discoteca

■ 15a

1 g 2 e 3 a 4 d 5 f 6 c 7 b

■ 16

1 bastante grande 2 el taller
mecánico 3 la vivienda /
el piso 4 cuatro

■ 17b

1 5° 2 2° 3 8° 4 9°

■ 20

El hotel es grande/viejo/bonito/
caro.
El hotel está lleno/vacío/sucio.

■ 21a

1 El piso está en el centro.
Tiene 130m². Está en la calle
Diario de Córdoba. El precio
es 350.000 euros.

2 El piso está en la zona Santa
Rosa. Tiene tres dormitorios,
un salón grande, una cocina,
un lavadero y un patio. El
precio es 750 euros al mes.

3 El piso tiene dos
dormitorios, un salón-
comedor y un cuarto de
baño. Es todo exterior y es
completamente nuevo. El
precio es 250.000 euros.

■ 22

1 a Guernica b Madriguera
c Playa de San Juan
d Arenys d'Emporda/
Alicante
2 Alicante
3 Guernica
4 a Alicante, Campello
b Madriguera, Costa d'en
Blanes
5 Arenys d'Emporda

■ 24

Raúl está en el estudio.
Pedro está en el dormitorio.
Rosa está en el cuarto de baño.
Elisa está en la escalera.
Jorge está en el salón.

Javier está en el dormitorio.
Yolanda está en el cuarto de
baño.
Carmen está en el dormitorio.
Celia está en el comedor.
Luis está en la cocina.

■ 25b

1 j **2** p **3** b **4** a **5** g **6** i **7** l
8 k **9** r **10** c **11** n **12** d **13** h
14 o **15** e **16** f **17** s **18** q
19 m

■ Ejercicios

A 1 con; para **2** para **3** sin;
con **4** con **5** con; con
6 para **7** para **8** sin

B 1 el diez de febrero
2 el tres de marzo **3** el
veintiuno de noviembre
4 el treinta de junio **5** el
doce de diciembre

C 1 viejo **2** grande **3** bonita
4 moderno **5** cómoda

D 1 La **2** Los **3** La **4** Las; el
5 la; el

E 1 es **2** es **3** está **4** está
5 es

Lección 5

■ Prepárate a

1 b **2** d **3** e **4** a **5** c

■ Prepárate b

A 2 **B** 5 **C** 3 **D** 1 **E** 4

■ 1

1 Trabaja en una papelería.
2 Trabaja ocho horas al día.
3 Tiene tres horas libres a
mediodía.
4 Come en casa.

■ 2a

1 Vives; Vivo **2** trabajas;
trabajo **3** trabaja; trabaja;
Estudia **4** comes; Como; come
5 escuchas; Escucho **6** lees;
Leo

■ 3a

	Charo	Luisa	Ana	Tomás
Trabaja	en una academia de inglés		en una peluquería	como electricista
Estudia	filología inglesa	sí		
Come en …	casa	casa	un bar	casa
Tiene ____ hermanos	un hermano	siete (cuatro hermanos; tres hermanas)	un hermano	dos hermanas
Escucha …	música nacional, clásica	música rock	música pop español	música española
Compra / Lee …	todo tipo de revistas y libros	periódicos y novelas	periódicos y literatura española	revistas de índole deportivo, literatura de ficción

■ 3b

¿Dónde vives?, ¿Trabajas o estudias?, ¿En qué trabajas?, ¿Dónde trabajas?, ¿Qué estudias?, ¿Dónde comes?, ¿Tienes hermanos?, ¿Cuántos hermanos tienes?, ¿Qué libros o revistas compras/lees?, ¿Qué música escuchas?

■ 8a

1 Son las dos menos cuarto de la tarde.
2 Son las seis y media de la tarde.
3 Son las doce menos cuarto de la noche.
4 Son las ocho y diez de la mañana.
5 Son las cinco y veinticinco de la tarde.
6 Son las nueve menos veinte de la mañana.
7 Son las diez menos diez de la mañana.
8 Son las once menos veinticinco de la noche.
9 Son las doce y media de la noche.
10 Son las seis en punto de la mañana.

■ 9

1 14.30 **2** 09.45 **3** 16.15
4 12.35 **5** 06.50 **6** 14.05
7 23.20 **8** 03.00

■ 11a

1 Se levanta. **2** Va a clase.
3 Sale de clase. **4** Come en
casa. **5** Da clase de gimnasia.
6 Llega a casa. **7** Hace los
deberes. **8** Se acuesta.

■ 11b

1 07.00 **2** 08.00 **3** 14.00
4 15.00 **5** 17.00 **6** 20.00
7 entre las 20.00 y las 23.00
8 23.00/00.00

■ 11c

Me levanto, voy, empiezan,
salgo, llego, como, doy, ceno,
hago, me acuesto

■ 12

	Virginia	Charo
07.00	Se levanta	
08.00	Empiezan las clases	Se levanta
09.00		Sale de casa y va a la universidad
13.00		Vuelve a casa para comer
14.00	Sale de las clases	
17.00	Va al gimnasio / Da clases de gimnasia	Va a trabajar a la academia de inglés
20.00	Llega a casa	
21.00	Cena / Hace los deberes	Termina (en la academia de inglés) / Vuelve a casa / Cena / Estudia
23.00	Se acuesta	Va a la cama
24.00	Se acuesta	

■ 14b

Domingo	
9.00 mañana	Se levanta
9.30	Desayuna
11.00	Juega al fútbol
2.00 tarde	Come en casa
4.00	Va a casa de Javier a escuchar música
6.00	Va de compras con Javier
7.30	Toma un café (con sus amigos)
9.00	Cena con su hermano
10.30 noche	Va al cine
12.30	Va a la discoteca

■ 15a, b

responsable	*responsible*	responsable
inteligente	*intelligent*	inteligente
sincero	*sincere*	sincera
simpático	*friendly, nice*	simpática
trabajador	*hard-working*	trabajadora
nervioso	*nervous, excitable*	nerviosa
tímido	*shy*	tímida
optimista	*optimistic*	optimista
sensible	*sensitive*	sensible

■ 16a

1 tímido 2 sensible 3 sincero
4 responsable 5 trabajador
6 optimista 7 inteligente
8 nervioso 9 simpático

■ 17

Tomás: responsable, trabajador, tímido, tranquilo
Virginia: inteligente, simpática, nerviosa

■ 18

1 Simpática y generosa.
2 Antipático y nervioso.
3 Excelente.
4 Los horarios son diferentes.
Sólo tienen una hora para comer.
Comen a las doce.
La cena es muy pronto, a las 6.30.

Van a la cama muy pronto.
Las distancias son enormes.
Solamente salen los fines de
semana.

■ 21a

1 Una mujer fuerte y enérgica.
2 Tiene dos plantas, una
piscina, una pista de tenis,
un jardín muy grande. Está
entre la ciudad y el campo, a
cinco kilómetros de Gijón.
3 Se levanta a las siete, no
desayuna, trabaja toda la
mañana, toma café a las
nueve, come con su hija y su
nieto, no trabaja después de
comer. Por la tarde hace las
compras, da un paseo,
trabaja en su jardín. Cena
muy poco y lee por la noche.

■ 21b

1 No. (Vive cerca de la ciudad.)
2 Sí. **3** Sí. **4** Sí. **5** No. (Escribe
por la mañana, lee por la
noche.) **6** Sí.

■ 21c

1 el número de novelas de Corín
Tellado **2** su edad **3** el número
de kilómetros que vive de Gijón
4 la edad de Begoña, su hija
5 el número de idiomas a que se
ha traducido sus novelas / la
hora a que se levanta

■ Ejercicios

A 1 vivo **2** vives **3** vivo
  4 viven **5** trabaja **6** haces
  7 trabajo **8** comes **9** Como
  10 como **11** como
  12 comemos **13** Vamos
B 1 las siete menos cuarto de
    la tarde
  2 las siete y media de la
    mañana
  3 las diez y cuarto de la
    noche
  4 la una de la tarde / del
    mediodía
  5 las tres menos veinticinco
    de la tarde
  6 las nueve menos veinte de
    la mañana
C 1 sincero **2** tímidas
  3 inteligentes **4** optimista
  5 simpática

Lección 6

■ Prepárate

pasta, arroz, sardinas, queso,
jamón, olivas, café, patatas
fritas

■ 1a

1 Leche, tomates y aceite.
2 Un litro de leche y un kilo de
tomates. **3** Son nueve euros.

■ 1b

1 Deme (leche). / Quiero (un kilo de tomates y aceite).
2 ¿Algo más?

■ 3

1 f **2** e **3** b **4** c **5** a **6** d

■ 4

verdura	fruta	pescado	carne
las cebollas	las manzanas	el bacalao	el cordero
la lechuga	las naranjas	la merluza	el lomo
las patatas	las peras	las sardinas	el pollo
los tomates	los plátanos	la trucha	las salchichas

■ 6a

1 c/d **2** d/c **3** b/e **4** e/b **5** a
6 f

■ 7

See transcripts, page 73.

■ 9a

1 c **2** e **3** d **4** a **5** b

■ 9c

1 Hay dos latas. **2** No hay botellas. **3** Hay dos botes.
4 Hay cinco paquetes. **5** Hay una caja.

■ 10

1 1,60€/kilo **2** 0,90€/kilo
3 1,30€/kilo **4** 4,50€/kilo
5 6,58€/kilo **6** 9,75€/kilo
7 11,90€/kilo **8** 9,25€/kilo

■ 12

1 a Cada español come 57 kilos de carne al año.
b Cada español bebe 121 litros de leche.
c Cada español compra 16 kilos de productos lácteos como yogur.
d Las frutas son el tercer producto en orden de importancia.
e Cada español come 103 kilos de frutas frescas al año.
f Cada español come 30 kilos de naranjas al año.
2 En el noreste y el noroeste.
3 La carne, la leche, los productos lácteos (yogur, mantequilla, queso), las frutas (naranjas), el pescado, la verdura
4 Comen menos queso que en el resto de Europa.
Comen más fruta y verdura que en el resto de Europa.

■ 18

	artículo	color	talla	precio	¿sí o no?
Tienda 1	falda	negra	40	36€	sí
Tienda 2	chaqueta	verde	42	60€	no
Tienda 3	jersey	blanco	grande	29€	sí

■ 22a

Rafael Nadal: es alto, delgado y moreno.
Plácido Domingo: es un poco gordo y moreno.
Penélope Cruz: es delgada y morena.
Carmen Maura: es baja, delgada y morena.

■ 23a

once; siete y media

■ 24

	El horario	El diálogo
Lunes a sábado	10.30–13.30	10.30–13.00
	17.00–20.00	16.00–21.00
Domingos	10.30–14.00	10.30–13.30

■ 25a

siete; nueve; siete

■ 26a

1 El centro.
2 México.
3 Más de la mitad.
4 En las ciudades.

5 El centro comercial más moderno de Ciudad de Guatemala.
6 El mercado Central y el mercado de Artesanía.
7 Pequeña, pero muy interesante. Tiene el mercado más famoso del país.
8 Una blusa bordada.
9 La gente de los pueblos va al mercado a vender productos de todo tipo.
10 La ciudad Antigua Guatemala.

■ 26b

telas, mantelerías, cojines, huipil, pollera, cerámica, jarrones, máscaras, estatuas, muñecos de barro, esculturas de madera, objetos de hierro, joyas

■ Ejercicios

A 1 la **2** las **3** el **4** los **5** el

B 1 Cuántas **2** Cuánta
  3 Cuánto **4** Cuántos
  5 Cuánto

C 1 negra **2** blanca **3** azules
  4 rojas **5** verde **6** amarillos

D 1 esta **2** este **3** este **4** estos
  5 Estas

E 1 empieza **2** termino
  3 abre **4** cierran **5** abre

Lección 7

■ Prepárate

1 c **2** g **3** b **4** l **5** h **6** m **7** a
8 k **9** d **10** j **11** f **12** e **13** i

■ 1

1 d: Federico y Mariana
2 b: Felipe
3 c: Juan, Juanito y Pepito
4 a: Beatriz y Pablo
5 f: Antonio y Elena
6 e: Julio y Rosita

■ 3

See transcript, page 77.

■ 4a

1 es **2** la **3** Tiene **4** en **5** de
6 Está **7** tiene **8** Es **9** y
10 Tiene **11** Es **12** llama
13 es **14** la **15** Es **16** tiene
17 se llaman / son **18** tiene
19 es **20** es **21** es **22** son

■ 4b

1 José Luis es delgado.
2 Alicia es morena y baja.
3 María Asunción y José
  Luis son profesores de
  español.
4 María Asunción vive en un
  pueblo.
5 José Luis tiene los ojos
  verdes.
6 María Asunción es
  delgada.
7 María Asunción y Alicia
  están casadas.
8 Alicia trabaja en casa.
9 María Asunción tiene dos
  hijos, y Miguel y Alicia
  tienen dos hijos.
10 José Luis tiene una
  hermana.

■ 6

1 G (Carolina) **2** C (Jaime)
3 F (Ana) **4** B (Daniel)
5 A (Luis) **6** D (Susana)
7 E (Pedro)

■ 7a

1 c **2** b **3** a **4** c **5** a **6** b
7 c

■ 7b

Es el mapa 1.

■ 7c

1 tiene **2** está **3** aquí **4** cerca
5 lejos **6** cerca **7** grande
8 suroeste **9** cuántos **10** A
11 Cómo **12** tengo
13 izquierda **14** derecha
15 abre **16** Abre **17** cierra
18 cierra **19** abierto **20**
cerrado **21** Hay **22** hay
23 bueno **24** hay

■ 8a

1 c **2** b **3** a **4** d

■ 8b

1 un coche pequeño **2** una
semana **3** No, tiene diesel.
4 con el depósito lleno **5** a la
izquierda **6** cincuenta euros
7 un recibo **8** El coche / El
motor no funciona. **9** El taller
está cerrado. El mecánico no
está. **10** A 15 kilómetros en
otro pueblo. **11** El coche tiene
una avería. **12** En la carretera
de Madrid (en el kilómetro
220). **13** Un Citroen verde,
matrícula 9771 BDF.

■ 8c

1 coche pequeño **2** tres
3 Ochenta **4** una semana
5 lleno **6** lleno

■ 8e

1 b **2** a **3** d **4** j **5** c **6** i **7** g
8 e **9** f **10** h

■ 11

*Housing development: 'La
Reserva de Marbella II'.
Apartments for sale in the best
part of the Costa del Sol.
The residential estate 'La
Reserva de Marbella II' is on
the Costa del Sol,12 kilometres
from Marbella, 2 kilometres
from the Cabo Pino marina and
30 kilometres from the airport.
It is on a hill, with fantastic
views of the sea. It is near the
beach, five minutes by car, and
is also near the mountains. The
beaches are quiet and the water
is very clean. The sea views are
spectacular. It has a fantastic
climate all year round, with
many hours of sunshine.
Next to the development is an
18-hole golf course, with a club,
bars and restaurants.
There are apartments and
maisonettes with large terraces,
garage and store room. There
are communal areas with
swimming pools for adults and
children, jacuzzis and fantastic
tropical gardens. It's a perfect
place to live or to spend your
holidays.
'La Reserva de Marbella' …
Quality of life.*

■ 13a

1 ocho **2** agosto **3** moderno /
nuevo **4** grande **5** cuatro
6 tres **7** frigorífico **8** Tres
9 dos **10** satélite **11** Internet
12 tres **13** mediterráneos
14 juegos **15** centro
16 tranquilo **17** enfrente
18 cinco **19** ocho

■ 15

1 Estoy **2** está **3** Es **4** hay
5 es **6** es **7** está **8** tiene **9** está
10 Hay **11** es **12** son
13 están **14** tienen **15** es
16 hay **17** me levanto
18 desayuno **19** compro
20 voy **21** Me baño **22** tomo
23 tomo / bebo **24** vuelvo
25 como **26** duermo **27** bebo
/ tomo **28** voy **29** Voy

■ 17a

1 en un bar: quiere una
cerveza y un bocadillo
2 en una tienda de moda/ropa:
quiere probar ropa
3 en un banco: busca un
cajero automático / quiere
cambiar dinero

■ 17b

1 c, f, j, l
2 b, d, g, h, k
3 a, e, i

■ 17c

1 l **2** c **3** j **4** f **5** k **6** b **7** g
8 d **9** h **10** a **11** i **12** e

■ 19

1 Hola, buenas tardes, buenas
noches, adiós
2 **a** ¿Cómo te llamas? / ¿Cómo
se llama (usted)?
  b ¿Qué eres? / ¿Qué es
(usted)? / ¿Cuál es tu/su
profesión?
  c ¿De dónde eres/es
(usted)?
  d ¿Cuántos años tienes/tiene
(usted)?
  e ¿Tienes/Tiene (usted)
hermanos? / ¿Cuántos
hermanos tienes/tiene
(usted)?
3 **a** chileno/a
  b irlandés/irlandesa
  c brasileño/a
  d venezolano/a
4 el padre, la madre,
el hermano, el primo,
la prima, el tío, la tía,
el abuelo, la abuela, el hijo,
la hija, el padrastro,
la madrastra,
el hermanastro,
la hermanastra, el sobrino,
la sobrina, el nieto, la nieta

5 **a** treinta y ocho, diez,
       veintisiete
    b cincuenta y cinco, cero
       cero, sesenta y ocho
    c veintitrés, treinta y
       cinco, cuarenta y tres

6 queso, tortilla (de patata),
    jamón, huevos, pollo,
    calamares, bocadillo,
    empanadillas, pescado,
    pan, etc.

7 café (solo, con leche), té,
    vino (tinto, blanco), agua
    (con/sin gas), cerveza,
    cortado, zumo (de
    naranja), etc.

8 **1** Quieres/Hay
    2 quiero/hay **3** quieres
    4 quiero **5** hay

9 **a** señora **b** segundo
    c plaza **d** calle **e** señorita
    f avenida

10 **a** Zaragoza está en el
       noreste de España.
    b Tiene ochocientos mil
       habitantes.
    c Está a trescientos
       kilómetros de Madrid.

11 a la izquierda, todo recto,
    en la esquina, al final,
    enfrente (de), al lado (de),
    sobre, debajo, delante,
    detrás, entre, etc.

12 **1** habitación **2** baño/ducha/
    terraza/balcón **3** noches
    4 desayuno

13 **a** el trece de abril **b** el
    veinticinco de diciembre
    c el quince de enero **d** el
    treinta de julio **e** el doce
    de noviembre **f** el once de
    mayo

14 televisión, frigorífico,
    teléfono, ascensor, piscina,
    tienda, jardín, parque
    infantil, discoteca,
    peluquería, etc.

15 la cocina, el salón, el
    comedor, el cuarto de
    baño, el dormitorio, el
    pasillo, etc.

16 **a** bonita/fea/grande/
       pequeña/vieja/nueva, etc.
    b sucia/desordenada/
       vacía/fría/limpia/
       ordenada, etc.

17 levantarse, ducharse,
    desayunar, salir de casa, ir
    al trabajo, trabajar,
    estudiar, ver la televisión,
    leer, comer, cenar, etc.

18 **a** Son las tres y media de
       la tarde.
    b Son las once menos
       cuarto de la mañana.
    c Son las ocho menos
       veinte de la mañana.

d Son las siete y cuarto de la tarde.

e Es la una y cinco de la tarde.

f Son las diez y veinticino de la noche.

19 responsable, inteligente, sincero/a, simpático/a, trabajador(a), sensible, optimista, etc.

20 azul, amarillo, verde, rojo, blanco, negro, rosa, naranja, marrón, gris, etc.

21 panadería, carnicería, pescadería, charcutería, pastelería, frutería, farmacia, estanco, tienda de ropa/moda, etc.

22 a lata b botella c docena d bote e caja f cuarto

23 a 2,810 b 340 c 5,595 d 670 e 3,102 f 7,953

24 a medicinas, aspirina, tiritas b sellos, sobres c revistas, periódicos d perfume, bronceador

25 un pantalón (unos pantalones), una falda, un abrigo, una chaqueta, un vestido, una corbata, unas zapatas, una blusa, un jersey, etc.

26 alto/a, bajo/a, gordo/a, delgado/a, moreno/a, rubio/a, etc.

27 a abre; cierra b empieza; termina

Lección 8

■ Prepárate

1 e **2** b **3** i **4** c **5** d **6** h
7 g **8** a **9** f **10** j **11** k

■ 1b

1 la música ✓ **2** los deportes ✗

3 el parque ✓ **4** el teatro ✗
5 la televisión ✗ **6** las fiestas ✓
7 el cine ✓ **8** la fruta ✓ **9** el chocolate ✗ **10** la cerveza ✗
11 las hamburguesas ✓

■ 3

	Le gusta(n) ☺	No le gusta(n) ☹
la música	✓	
los libros	✓	
el fútbol		✓
la bicicleta	✓	
la familia	✓	
las películas		✓

■ 6

1 leer / ir al cine / salir con amigos

2 cocinar / invitar a sus amigos / pasear / mirar escaparates

3 sentarse / no hacer nada / descansar / escuchar música clásica / pintar / ir al teatro / bailar

■ 7

Se llama Alejandro, es de Salamanca y tiene _____ años. Es mecánico de automóviles. Tiene ojos marrones y mide 1,83. Su cumpleaños es el doce de mayo; es Tauro. Le gustan los coches antiguos, el boxeo, correr, hablar, y salir con amigos. Adora la naturalidad y la sinceridad. Detesta la superficialidad y la vanidad.

■ 8b

Lydia Bosch

Signo zodiacal	Sagitario
Lugar de nacimiento	Barcelona
Color favorito	negro
Bebida	agua
Comida	espaguetis
Ropa	ropa ancha / pantalones cortos / camisetas
Deporte	esquí
Tipo de hombre	inteligente y con sentido de humor
Animal	perro

■ 10

A+D, B+F, C+E

■ 13a

Positivas: 1, 2, 4, 5, 9, 10
Negativas: 3, 6, 7, 8

■ 13b

Charo: 3, 4, 9, 10
Virginia: 1, 6
Luisa: 5, 7
Yolanda: 2, 8

■ 14a

	Lo bueno	Lo malo

Ciudad de México	una ciudad interesante
	el ambiente
	gente simpática
	tiendas modernas
	monumentos
	  interesantes
	el teatro de Bellas Artes
	el parque de la
	  Alameda Central
	el Museo Nacional
	  de las Culturas
		demasiado grande
		el transporte no
		  es bueno
		muchísimo tráfico
		la contaminación

Barcelona	el mar la playa la vida cosmopolita las galerías de arte la ciudad antigua los edificios los parques	mucha gente demasiados turistas la contaminación una ciudad cara
Madrid	una ciudad moderna muchas tiendas la vida nocturna el ambiente gente simpática una capital bonita transporte bueno el metro	demasiado calor el clima la contaminación altas temperaturas está lejos del mar

■ 16a
1 salgo **2** empieza **3** trabajo
4 nos reunimos **5** salimos
6 tomamos **7** vamos **8** vamos
9 salimos **10** salimos

■ 16b
María Jesús va al cine, sale con amigos, toma copas en los bares, va a la discoteca, toma vermut.

■ 18

Los fines de semana María Jesús sale por ahí. Para ella, el fin de semana empieza el sábado por la tarde ya que el sábado por la mañana trabaja. Por la tarde se reunen todos los amigos en un bar y salen por ahí, toman copas en los bares, van a la discoteca y después van a dormir a casa a las seis o las seis y media de la mañana. El domingo salen por la mañana a tomar vermut y por las tardes también salen de bares, a la discoteca o al cine.

■ 21a

Le gusta salir a tomar copas y escuchar música rock. / Le gusta tomar el sol en su yate y bañarse en el mar o en la piscina. / Prefiere la ropa informal a la de vestir. / Lleva una gorra de sol y unos pantalones cortos de distintos colores. / Sus padres son propietarios del yate Estrella. / Su hermana mayor, Sara, es también actriz.

■ 21b

1 toma **2** se baña **3** salir **4** Va **5** se llama **6** bebe **7** toma

■ 19a

	María y Ana	María	Ana
1	se levantan	sale a las ocho	sale a las ocho y media
2	desayunan	trabaja	estudia
3	salen juntas después del trabajo	come en un restaurante	come en casa
4	van al cine		
5	cenan en casa		

■ 20

1 ✗ **2** ✓ **3** ✓ **4** ✓ **5** ✗ **6** ✗ **7** ✗ **8** ✓ **9** ✗ **10** ✓

■ 21c

1 ¿Qué te gusta beber?
2 ¿Qué haces por la noche? / ¿Adónde vas con tus amigos?

3 ¿Qué tipo de música te gusta?

4 ¿Cuántos años tienes?

5 ¿Cómo se llama tu hermana?

6 ¿Qué tipo de ropa prefieres?

■ 21d

1 *the early hours of the morning* **2** *the guest* **3** *the place* **4** *to frequent / go to* **5** *foreigner* **6** *formal clothes / smart clothes* **7** *sun hat*

■ Ejercicios

A 1 gusta **2** gusta **3** gustan **4** gusta **5** gustan

B 1 Le gusta cocinar.

2 Nos gusta salir.

3 No les gustan los deportes.

4 Me gusta bailar.

5 ¿Te/Le gusta estudiar?

C 1 Lo bueno **2** Lo malo **3** Lo bueno **4** Lo malo **5** Lo bueno

D 1 salimos **2** vamos **3** Cenamos **4** tomamos **5** bailamos **6** vemos

---

Lección 9

■ Prepárate

1 e **2** a **3** d **4** c **5** f **6** b

■ 1

1 Quiere ir al cine. **2** No.

3 Su madre está enferma y ella está cansada.

4 Van al cine el domingo.

■ 2a

1 d **2** e **3** a **4** b **5** c

■ 6a

Mensaje C

■ 4

	lugar	aceptar/negar	excusa/problema
1	fútbol	negar	no le gusta el fútbol; está my ocupado; tiene mucho trabajo
2	restaurante	aceptar	sale de clase a las siete y media; restaurante está lejos
3	piscina	negar	tiene que estudiar; está enfermo
4	discoteca	negar	no le apetece bailar; está cansado; prefiere el cine / el teatro

■ 6b

	mensaje A	mensaje B	mensaje C
nuevo plan	ir al cine mañana a las siete	tomar un café a las siete	ir a la sesión de las siete
plan original	ir al cine hoy a las siete	ir al cine	ir a la sesión de las cinco
¿por qué cambian?	No le apetece ir al cine hoy.	Va al médico con su hermano.	Tiene que ir de compras con su madre

■ 7a

1 estoy **2** estoy **3** soy **4** soy
5 soy **6** Soy **7** soy **8** es **9** es
10 es **11** está **12** está **13** es
14 está **15** estoy

■ 9a

Tiene que: salir con otras señoritas; encontrar a otros amigos; tomar vacaciones y olvidar a su novia a orillas del mar; comer menos; hacer más deporte; jugar a la lotería para ser guapo y rico.

■ 9c

Dice que Corazón roto es atractivo, sincero, que tiene el carácter agradable.
Dice que su novia no es buena para él, es egoísta y caprichosa.
Dice que su amigo es egoísta que ha destruido su relación.

■ 12a

1 b **2** a **3** c **4** d

■ 13a

lunes 16 mayo

martes 17 mayo

miércoles 18 mayo
¿cine?

jueves 19 mayo
¿discoteca?

viernes 20 mayo
fiesta de Carmen con Alfonso

sábado 21 mayo
¿piscina?

domingo 22 mayo

■ 13b

lunes 16 mayo

martes 17 mayo

miércoles 18 mayo
clase de inglés

jueves 19 mayo
estudiar

viernes 20 mayo
fiesta de Carmen con María

sábado 21 mayo
casa de amigos (Carlos y Ana)

domingo 22 mayo

■ 13c
1 Van a salir juntos el viernes.
2 Van a ir a una fiesta.

■ 15b
Hola,
Voy a ir a la playa de vacaciones. **Va a ser** fantástico. **Voy a levantarme** tarde y **voy a desayunar** en la terraza del apartamento. Después **voy a ir** a la playa y **voy a bañarme** en el mar. **Voy a comer** con mis amigos en un bar de la playa y por la tarde **voy a dormir** la siesta. Por la tarde **voy a hacer** deporte, **voy a jugar** al tenis, y **voy a hacer** windsurf en el mar o **voy a nadar** en la piscina. Por la noche mis amigos y yo **vamos a bailar** en la discoteca y **vamos a acostarnos** tarde.

■ 16
1 A las nueve. 2 Dos. 3 Sí.
4 En una fila de atrás.
5 Nueve euros.

■ 18a
1 h 2 g 3 f 4 e 5 a 6 d 7 b 8 c

■ 19
1 una película romántica
2 una película de terror 3 una película policiaca 4 una película de ciencia ficción
5 una comedia

■ 20a
1 c 2 b 3 g 4 e 5 a 6 f 7 d

■ 20c
1 Van a ver *Perdidas en la selva*. 2 Porque no le gustan a María las películas de terror, Javier ya ha visto *Viaje al espacio* y a Javier no le gustan las películas románticas.
3 A la sesión de las nueve.
4 A las nueve menos cuarto.
5 En la puerta del cine.

■ 23a
1 Un chico guapo y rico
2 El amigo de César
3 Una chica que conoce a César en una fiesta
4 Una chica que está enamorada de César
5 Nuria y César
6 Nuria
7 Un misterio con toques de ciencia ficción

■ Ejercicios

A 1 está enfadada 2 está triste 3 están cansados 4 están resfriados 5 está enfermas 6 está ocupada

B 1 Tienes que venir esta tarde.
2 Tienes que hacer ejercicio.
3 Tienen que llevar paraguas.
4 Tenemos que trabajar mañana.
5 Juan tiene que estudiar para los exámenes.
6 Tienes que estar aquí a las cuatro.

C 1 ¿Quieres ir al cine conmigo?
2 ¿Quieres cenar con nosotros/as?
3 ¿Queréis jugar al fútbol conmigo?
4 ¿Quiere (usted) tomar algo conmigo?
5 ¿Quieren (ustedes) comer conmigo?
6 ¿Queréis ir al teatro con nosotros/as?

D 1 Voy a trabajar.
2 Vamos a ir a una fiesta.
3 Van a visitarme.
4 Voy a lavarme el pelo. / Me voy a lavar el pelo.
5 Vais a jugar al fútbol.
6 Va a preparar la comida.

Lección 10

■ Prepárate

1 e **2** c **3** d **4** a **5** b **6** f

■ 1

	Número de billetes	Ciudad	Billete: →/ ↔	Clase: 1ª / 2ª	Hora de salida
1	4	Sevilla	ida y vuelta	2ª	15.00
2	1	Madrid	ida y vuelta	2ª	14.15
3	1	Bilbao	ida y vuelta	2ª (turista)	15.00
4	2	Barcelona	ida	1ª	17.30
5	1	Salamanca	ida	1ª (preferente)	11.30

■ 3a

1 Porque es más rápido.
2 No. Reserva un asiento de ida y vuelta.
3 110€

■ 3b

1 las once **2** la una **3** segunda
4 veinte **5** ciento diez

■ 4

1 El número de tren, el número del coche, el número de la plaza.
2 Dialogo: segunda clase; 110€. Billete: primera clase; 115€.

■ 5

1 AVE **2** Talgo **3** Tren Estrella / Trenhotel **4** AVE **5** trenes de cercanías **6** trenes de cercanías

■ 6

1 más **2** más **3** menos **4** tan
5 menos **6** tan

■ 10

1 A = taxi B = metro C = autobús
2 **A** El nombre del taxista, su número de licencia, el precio del viaje, la fecha
B La fecha y hora en que se sacó el billete, que es un billete sencillo
C La fecha y hora en que se sacó el billete, el número de la línea, el número del bus, el número del billete, que es un billete sencillo, el precio del billete

■ 8

	Tren 1	Tren 2	Tren 3
¿Adónde va el tren?	Madrid	Sevilla	Zaragoza
¿De qué vía sale?	3	5	2
¿Qué tipo de tren es?	Talgo	AVE	Intercity
¿Más información?	Va a salir dentro de breves momentos.	Va a salir dentro de cinco minutos.	Media hora de retraso.

■ 11a

1 A **2** B **3** C

■ 11b

1 b **2** c **3** b **4** c **5** a **6** b
7 b **8** c **9** a

■ 12

1 En casa de Alberto.
2 Porque no tiene dinero.
3 A las once.
4 Porque no tiene dinero.
5 Sí.

■ 15a

1 Granada
2 Sevilla
3 No. Irá a la estación.
4 Irán al mercado y comerán en el Albaicín.
5 Irán de tapas.
6 Si no van a la sierra. / Si no hace mucho frío.
7 En Córdoba.
8 En Londres.

■ 15b

4 de abril	llegar a Sevilla en avión
	ir a Córdoba en tren
viernes	ir a Granada en autobús
sábado	mañana: ir al mercado, comer en el Albaicín
	tarde: ir al cine
	noche: ir de tapas
domingo	ir a la sierra / ir a la playa
semana	visitar a amigos
lunes	volver a Córdoba, quedar con su familia
17 de abril	llegar a Londres

■ 15c

verbos futuros: llegaré, iré, vendrás, nos quedaremos, iré, voy a quedarme, iremos, comeremos, iremos, iremos, habrá, visitaré, estaré, volveré, me quedaré, llegaré, me invitarás

verbos irregulares: vendrás, habrá

■ 16a

Dibujo b

■ 16b

1 Sí **2** No. Va en tren porque es más cómodo. **3** Sí **4** No. Comerán en el hotel porque la comida es excelente.

■ 18

1 a **2** b **3** g **4** h **5** c **6** i **7** f
8 k **9** e **10** d **11** j

■ 21a

1 se levantará **2** desayunará
3 terminará su trabajo

4 llegará a casa 5 saldrá de casa 6 cenará 7 comerá en un restaurante 8 se acostará 9 trabajará 10 tomará el autobús 11 verá la televisión

■ 21b

1 nos levantaremos
2 desayunaremos
3 terminaremos nuestro trabajo 4 llegaremos a casa
5 saldremos de casa
6 cenaremos 7 comeremos en un restaurante 8 nos acostaremos 9 trabajaremos
10 tomaremos el autobús
11 veremos la televisión

■ 22a

1 c 2 d 3 a 4 b

■ 22b

Luis quiere ir a la playa.
Pilar quiere ir a las montañas.
Juan quiere ir a la ciudad.
Ana quiere visitar unos monumentos.

■ Ejercicios

A 1 La bicicleta es menos rápida que el coche.
   2 El tren es más cómodo que el autobús.
   3 El avión es más rápido que el tren.
   4 El Talgo es menos caro que el AVE.

5 La motocicleta es menos segura que el coche.
6 El helicóptero es más lento que el avión.

B 1 Londres es la ciudad más grande de Inglaterra.
   2 Esta bicicleta es la bicicleta más cara de la tienda.
   3 Este coche es el coche más seguro de todos.
   4 Este tren es el tren más lento de la RENFE.
   5 Este libro es el libro más aburrido de la biblioteca.
   6 Esta moto es la moto más peligrosa de la carretera.

C 1 escribiré 2 iré 3 (Tomás) visitará 4 bailaremos
   5 mis padres cenarán

D 1 harás 2 Haré 3 saldrán (César y Teresa) 4 (Mi padre y yo) vendremos 5 Tendré

Lección 11

■ Prepárate

1 d 2 c 3 e 4 f 5 b 6 g
7 h 8 a

■ 1

1 Rosa 2 Hace mal tiempo: llueve, hace frío. 3 Hace calor y mucho sol. 4 En su trabajo.
5 En la costa / En la playa.

■ 4

1 c (otoño) **2** a (invierno)
3 d (primavera) **4** b (verano)

■ 6

	Deportes y pasatiempos	Clima: datos del texto	Clima: datos de Isabel	Diferencias
Primavera	Paseos por las sierras y montañas	buenas temperaturas	Un día hace calor; otro día hace frío; lueve un poco; hace viento	variable
Verano	Fiestas	día: sol y calor noche: temperaturas frescas en las montañas		no
Otoño	Pasear por los bosques	suave y agradable	Varía mucho y hace viento	variable
Invierno	El esquí	nieve y sol	Hace frío; hace viento	viento

■ 8a

Mapa A

■ 8b

See transcript, page 94.
Es invierno.

■ 10

1 d **2** a **3** f **4** c **5** b **6** e

■ 11

1 f **2** e **3** d **4** a **5** c **6** b

■ 12

See transcript, page 95.

■ 14

	tiempo	salud	trabajo	invitación	amigos	casa	vacaciones
1		resfriada	mucho				la playa / el Mediterráneo, el mes que viene
2		bien		comer en casa el domingo		pintando la cocina	
3	calor				están de vacaciones	bien	playa

■ 16b

Perdone.	4
Gracias	2
Soy Luis. Llamaré más tarde.	1
Hola, soy Pedro.	3

■ 17b

	teléfono	email	cartas	mensajes	fax	Internet
ventajas	rápido, directo	mandar información	más personal	rápido, barato	mandar dibujos o documentos	buscar información, chatear
desventajas	caro	no puedes tener una conversación, hay que escribir	llegan tarde	mensajes cortos	mucho papel	mucho tiempo

■ 18

1 Aquí estoy nadando en la piscina.

2 Aquí estoy jugando al fútbol.

3 Aquí estoy tomando el sol.

4 Aquí estoy bailando en una discoteca.

5 Aquí estoy escribiendo postales.

6 Aquí estoy comiendo un helado.

7 Aquí estoy paseando por la playa.

8 Aquí estoy visitando monumentos.

■ 19

1 c 2 b 3 a 4 d 5 e

■ 20

Estoy **estudiando**.
(At this moment) I am studying.
¿Qué carrera estás **estudiando**?
What course are you studying (at university)?
Estudio quinto curso de Geológicas.
I study / I am studying Geology.

■ 21

1 Vamos a la discoteca cada noche.

2 Antonio está leyendo.

3 Generalmente voy a la cama muy tarde.

4 Yo estoy tomando el sol.

5 Yo estoy bañándome.

6 Todos los días vamos a cenar al restaurante.

■ 24a

1 estoy preparando 2 estoy mandando 3 estoy terminando 4 estoy escribiendo 5 estoy buscando 6 estoy llamando 7 estoy reservando 8 estoy organizando 9 estoy haciendo

■ 26

1 b 2 a 3 c 4 a 5 c 6 a 7 b 8 a 9 a 10 b

■ Vocabulario en casa

1 c 2 e 3 j 4 g 5 l 6 i 7 a 8 m 9 d 10 f 11 h 12 b 13 k

■ Ejercicios

A 1 Hace calor. 2 Hace frío. 3 Hace viento. 4 Llueve. 5 Hace sol.

B 1 Hará calor. 2 Hará frío. 3 Hará viento. 4 Lloverá. 5 Hará sol.

C 1 Tengo hambre. 2 ¿Tiene(s) sed? 3 ¿Tiene miedo? 4 Tengo sueño. / Estoy cansado/a. 5 ¿Tiene(s) frío?

D 1 Estoy comiendo ahora.
2 Estoy haciendo los deberes ahora.
3 Estoy estudiando ahora.
4 Estoy preparando la comida ahora.
5 Estoy escribiendo las palabras ahora.
6 Estoy bebiendo agua ahora.

Lección 12

■ Prepárate a
1 a 2 e 3 d 4 b 5 c 6 f

■ Prepárate c
Verbo diferente: fui (ir).

■ 1
1 Juan va a ir a casa.
2 Ana invita a Juan.
3 Tiene dos entradas para el cine.
4 Ana va a ir al cine (con Luis).
5 No.
6 Porque está cansado.

■ 2a
1 hiciste 2 Fui 3 Saliste 4 Fui
5 viste 6 Hiciste 7 Cené 8 fui
9 fue

■ 3a
1 h 2 g 3 c 4 i 5 k 6 e 7 l
8 b 9 j 10 n 11 m 12 d 13 a
14 f

■ 5a
1 c María se levantó a las siete.
2 h Desayunó en un bar con una amiga.
3 a Trabajó en la oficina.
4 e Comió un sandwich a un bar con su amiga.
5 g Fue a comprar una revista en un quiosco.
6 b Celebró su cumpleaños en la oficina.
7 d Visitó a sus padres.
8 f Cenó con unos amigos en un restaurante.

■ 6a

Dibujos	Diario
Comió un sandwich en un bar.	Comió en un restaurante.
Compró una revista en un quiosco.	Compró un regalo en El Corte Inglés.
Había una botella de champán.	Había dos botellas de champán.
Cenó con unos amigos.	Cenó con sus padres.

■ 9

	Javier	Pedro	María Teresa
0700	estudiar		llegar a la oficina
0900	universidad	levantarse	diseñar proyecto
1100		ir a comprar ropa	presentar proyecto
1300		tomar aperitivo	almorzar
1400	volver a casa, comer		
1500	baloncesto	comer con amigos	volver a oficina
1700		gimnasio	
2200		cenar	comer en casa
2330		ver TV, acostarse	salir al cine

■ 10a

1 hiciste **2** me levanté **3** fui
4 volví **5** fui **6** trabajé **7** me
levanté **8** Desayuné **9** fui
10 compré **11** tomé **12** fui
13 Comí **14** fui **15** Cené
16 me acosté **17** llegué
18 comencé **19** presentamos
20 Fui **21** volví **22** comí
23 salimos

■ 11

A las diez me levanté.
A las diez y media desayuné.
A las once y media jugué al tenis.
A las dos y media comí en casa.
A las cuatro tomé café con María.
A las seis fui de compras.
A las nueve cené en un restaurante.
A las once fui al cine. Vi una película cómica.
A las dos de la mañana fui a la discoteca.
A las siete de la madrugada me acosté.

■ 12

medio de transporte	avión B	barco C	tren –	coche –
lugar	montañas A	playa C	pueblo D	extranjero B
duración	2 semanas D	3 semanas C	1 mes A	6 semanas B
cuándo	junio –	julio D	agosto C	septiembre B
alojamiento	hotel C	camping D	su casa A	casa de amigos B
actividades	nadar C, D tomar C el sol	excursiones A, B, C montañismo –	paseos A, C ciclismo C, D	teatro B museos B

■ 16

1 Fuimos a la fábrica de aceite de oliva.
2 Para comer, fuimos a un restaurante donde comimos paella.
3 Vimos muchos cuadros en una exposición al aire libre.
4 Fui de compras por el centro de Zaragoza.
5 Fuimos a un parque muy grande donde paseamos.
6 Lo más interesante en Belchite fue la visita al Pueblo Viejo.
7 Fuimos a la basílica del Pilar.

■ 18a

1 d 2 h 3 b 4 f 5 a 6 c
7 g 8 e

■ 18c

1 1954 2 1972 3 1976 4 1977
5 1977 6 1978; 1980 7 1980
8 1983

■ 19a

nací (nacer); pasé (pasar); fui (ir); terminé (terminar); me casé (casarse); estuve (estar); trabajé (trabajar); volví (volver); viví (vivir); tuve (tener)

■ 19b

Ana nació en mil novecientos cincuenta y cuatro en Zaragoza donde pasó su infancia y juventud. En mil novecientos setenta y dos fue a la universidad. Terminó sus estudios en mil novecientos setenta y seis, y en mil novecientos setenta y siete se casó.

Ese mismo año fue a París a estudiar francés en la universidad de la Sorbona durante un año y después fue a Londres. Estuvo dos años en Londres, donde trabajó como profesora de español, desde mil novecientos setenta y ocho a mil novecientos ochenta. En mil novecientos ochenta volvió a España, a Barcelona, y allí vivió durante cuatro años trabajando también como profesora en un instituto. En mil novecientos ochenta y tres tuvo a su primera hija.

■ 21a

1 Luis Buñuel
- 1900 Nace en Aragón, España.
- 1929 Hace su primera película con Dalí en Francia.
- 1947 Vive en Estados Unidos y va a México. Hace muchas películas.
- 1983 Muere en México.

2 Isabel Allende
- 1942 Nace en Lima, Perú, de una familia chilena diplomática.
- 1973 Golpe militar en Chile: abandona Chile.
- 1982 Escribe su primer novel *La casa de los espíritus*.
- 1988 Vuleve a Chile después de la dictadura.

3 Evita
- 1919 Nace en Los Toldos, Argentina.
- 1944 Actriz de radionovelas: conoce al político Juan Perón.
- 1945 Se casa con Juan Perón.
- 1952 Muere muy joven en Buenos Aires.

4 Celia Cruz
- 1925 Nace en La Habana, Cuba.
- 1950 Empieza a cantar con la Orquesta Matancera.
- 1959 Va a México con la Orquesta Matancera.
- 1961 Se casa con el trompeta Pedro Knight y vive en Estados Unidos. Se llama la Reina de la Salsa.
- 2003 Muere en New Jersey.

■ 21b

1 Luis Buñuel nació en Aragón, España, en 1900. En 1929 hizo su primera película con Dalí en Francia. En 1947 vivió en Estados Unidos y fue a México. Hizo muchas películas. Murió en México en 1983.

2 Isabel Allende nació en Lima, Perú, de una familia chilena diplomática, en 1942. En 1973 tuvo lugar el golpe militar en Chile y abandonó Chile. En 1982 escribió su primera novela *La casa de los espíritus*. Volvió a Chile después de la dictadura, en 1988.

3 Evita nació en Buenos Aires en 1919. En 1944 era actriz de radionovelas y conoció al político Juan Perón. Se casó con él en 1945. Murió muy joven en Buenos Aires en 1952.

4 Celia Cruz nació en La Habana, Cuba, en 1925 y en 1950 empezó a cantar con la Orquesta Matancera. En 1959 fue a México con la Orquesta Matancera y en 1961 se casó con el trompeta Pedro Knight y vivió en Estados Unidos. Se llamó la Reina de la Salsa.

■ 22

1 Carmen Maura
2 Inés Sastre
3 Miguel Bosé
4 a Antonio Maura
 b Alejandro Almenábar / Pedro Almodóvar

5 Eduardo Noriega: le gustan las películas de misterio
Inés Sastre: es modelo y actriz; habla francés
Carmen Maura: es descendiente de un político
Miguel Bosé: tiene un físico peculiar y atractivo
6 nació – nacer; trabajó – trabajar; hizo – hacer; empezó – empezar; estudió – estudiar

■ 23b

En 1881 nació en Málaga, España.
En 1895 estudió en la Escuela de Bellas Artes en Barcelona.
En 1907 pintó un cuadro muy importante, *Las señoritas de Avignon*.
En 1918 se casó con Olga Kokhlova, una bailarina rusa y en 1921 nació su primer hijo, Paul. También tuvo una exposición en Londres.
En 1925 se alió con el movimiento surrealista.
En 1936 fue nombrado director del Museo del Prado en Madrid.
En 1937 denunció el franquismo y pintó su cuadro más famoso, *Guernica*.

En 1950 recibió el premio
Lenin de la paz.
En 1955 murió su mujer, Olga.
Compró una mansión enorme
en Cannes.
En 1961 se casó con Jacqueline
Roque y cumplió 80 años.
En 1963 se inauguró el museo
que lleva su nombre en
Barcelona.
En 1973 murió en su casa,
Notre-Dame-de-Vie, en
Francia.

■ 25a

1 Nació en Madrid.
2 Estudió en el Conservatorio
de la Ciudad de México.
3 Debutó en Europa en la
Scala de Milán.
4 Es director artístico de Los
Ángeles Music Center.

■ 25b

nació – nacer; fue – ir; ingresó
– ingresar; se pasó – pasarse;
fueron – ir; tuvo – tener;
debutó – debutar; cantó –
cantar; recibió - recibir

■ Ejercicios

A 1 Ayer terminé mis deberes.
  2 Ana salió anoche.
  3 ¿Fuiste al cine ayer?
  4 El verano pasado hice
    montañismo.

  5 Juan estuvo en su pueblo
    la semana pasada.
  6 ¿Cuándo tuviste
    vacaciones?
B 1 Anoche cenamos en el
    restaurante.
  2 ¿Estuvisteis en casa?
  3 ¿Qué hicieron Juan y
    Pablo?
  4 María y Ana salieron con
    sus amigos.
  5 ¿Bailasteis mucho?
C 1 Saliste; Salí **2** fuisteis;
    Fuimos **3** hiciste; Fui
    4 estuvo; Estuvo
    5 volvieron; hicieron;
    Hicieron
D 1 naciste; nací **2** estudió;
    estudió **3** se casaron; se
    casaron **4** fuiste; Fui
    5 estuvisteis; Estuvimos

Lección 13

■ Prepárate

1 j **2** f **3** m **4** h **5** q **6** o **7** d
8 a **9** i **10** g **11** k **12** c **13** p
14 n **15** e **16** l **17** r **18** b

■ 1

1 el estómago **2** el hombro
3 las muelas **4** la cabeza
5 los ojos **6** la espalda
7 la garganta **8** los dedos

■ 3

1 Un catarro muy fuerte, un dolor de cabeza, un dolor de oído
2 Un poco de infección
3 Unos antibióticos (pastillas)
4 Tomar una pastilla después de cada comida.

■ 4

Answers will vary.

■ 6

1 Clínica Dental 2 José María Pérez Pérez 3 David Allue
4 Clínica Veterinaria Ruiseñores 5 David Allue / Cruz Roja Española 6 Consultorio médico
7 Dr. Teixeira 8 Zatorre / Óptica Lacalle 9 Centro médico de acupuntura tradicional
10 Centro médico de alergia y asma

■ 7a

1 aspirina 2 fiebre 3 muela
4 dolor; médico

■ 8a
1 b 2 c 3 d 4 a
■ 8b

■ 8c

Debes tomar esto y acostarte pronto.
Tienes que quedarte en la cama.
¿Por qué no vas al dentista en seguida?
Hay que llamar a una ambulancia inmediatamente.

■ 9

1 60%
2 50%
3 Viven más años, falta de recursos económicos, menor satisfacción laboral, la soledad
4 Pueblos muy pequeños, ciudades grandes, ciudades medianas
5 Los males que afectan estrictamente a la vista, al habla y a la capacidad de andar

	1	2	3	4
Problema	dolor de cabeza	dolor, fiebre	dolor de muela	un accidente
Sugerencia	tomar medicina y acostarse pronto	quedarse en la cama, llamar al médico	ir al dentista	llamar a una ambulancia

■ 10

Nombre: *Yolanda*
Apellidos: *García Yuste*
Enfermedades infantiles: *varicela, catarros y las normales*
Otras enfermedades importantes: *ninguna*
Vacunas: *todas*
Enfermedades de los padres: *dolor de espalda (madre)*
Operaciones: *apendicitis*
Hábitos: *no fumador, tenis, natación, dieta sana (mucha fruta y verdura)*

■ 11a
1 b **2** e **3** g **4** c **5** d **6** a
7 f **8** h

■ 11b
1 e **2** h **3** a **4** g **5** f **6** c
7 b **8** d

■ 13
See transcript, page 105.

■ 14a
1 dicho **2** casado **3** tenido
4 terminado **5** aprobado
6 encontrado **7** conocido
8 comprado **9** ganado **10** ido
11 estudiado **12** escrito
13 vendido **14** empezado
15 tenido **16** podido
17 hecho

■ 14b
1 F **2** F **3** V **4** V **5** F **6** F **7** F
8 F **9** V **10** V

■ 18

	1	2	3
objeto	cartera	chaqueta	paraguas
color	negra	roja	azul
material	piel	lana	madera (mango)
¿Dónde lo perdió?	en un taxi	–	–
¿Encontrado?	sí	no	no

■ 20

1 a **2** f **3** h **4** g **5** i

■ 23

1 Un bolso

2 Ayer por la noche a las diez (más o menos)

3 En la estación

4 En la cafetería

5 Con su marido y sus hijos

6 Tenía el bolso en el suelo.

7 Un chico joven, alto y rubio, llevaba gafas y tenía barba

8 Mediano, de tela, de color marrón

9 Una cartera con quinientos euros, una cámara, tres pasaportes, dos carnets de conducir, gafas de sol, un estuche pequeño con joyas, dos libros

10 Rellenar una ficha

■ 24

1 e/f, g **2** a, b, d, f/e, h, i **3** c

■ 25a

1 robado **2** Cuándo **3** menos **4** ocurrió **5** estación **6** mi **7** mis **8** Vio **9** alto **10** tenía **11** Cómo **12** dentro **13** quinientos **14** cámara **15** conducir **16** de **17** joyas **18** libros

■ 27a

1 Los fines de mes, porque es la época en que se saca dinero para pagar a los empleados.

2 Los fines de semana, puentes y vacaciones.

3 Porque la gente se va de vacaciones y no encuentran dinero.

4 Los días de entre semana en el invierno.

■ Ejercicios

A 1 Me duele la cabeza.

  2 ¿Te duele la garganta?

  3 A Juan le duelen las rodillas.

  4 A los chicos les duele el estómago.

  5 Me duelen los oídos.

  6 Nos duele la espalda.

B 1 Debes **2** Por qué no **3** Tienes/Hay **4** Tienes/ Hay **5** Por qué no

C 1 He terminado **2** Hemos viajado **3** has estado **4** han hecho **5** ha venido

D 1 Me **2** Te **3** Nos **4** Me **5** Se

E 1 Los **2** La **3** Las **4** Lo **5** Lo

F 1 su **2** mi **3** sus **4** nuestros **5** mi **6** su

G 1 El chico era alto.

2 ¿Qué había en la casa?

3 Estaba en la playa.

4 Las chicas llevaban faldas rojas.

5 Mis padres no tenían mucho dinero.

Lección 14

■ 1b

1 Le gusta: a, c, d, f
No le gusta: e, g, h

2 Le gusta: i
No le gusta: a

3 Le gusta: e, g, h
No le gusta: d, f

■ 2

1 ajedrez – (a) aburrido, museos – (a) aburridos, natación – (j) sano, el baile – (d) divertido

2 paracaidismo – (d) divertido, (e) emocionante, pesca – (a) aburrido

3 pesca – (i) relajante, (b) agradable, paracaidismo – (h) peligroso, teatro – (g) interesante

■ 5a

	Carlos	Isabel	Ana
Programa ✓	Deportes Documentales (de viajes)	Películas: comedias Programas de música	Entrevistas a gente famosa Concursos
¿Por qué?	Le gustan los deportes Son muy interesantes	Divertidas Le gusta la música / Le gusta cantar	Interesantes Emocionantes
Programa ✗	Telenovelas	Concursos	Noticias
¿Por qué?	Aburridas, muy largas, nunca terminan	No son intreresantes	Hablan de problemas y cosas horribles

■ 6a

1 e **2** c **3** g **4** j **5** a **6** d **7** b
8 f **9** h **10** i

■ 7a

1 Libros que le hacen pensar,
libros de misterio y de
intriga; libros no muy
complicados, pero con un
buen contenido; libros de
Arturo López Reverete,
Muñoz Molina y Soledad
Puértolas.
2 Películas con buenos
argumentos; el cine español,
sobre todo Almodóvar y
Amenábar.
3 Películas y las noticias.
4 Porque es bastante caro y no
echan obras interesantes.

■ 7b

1 va al cine **2** leer **3** prefiere
libros no muy complicados
4 va al teatro **5** lee un buen
libro **6** lee libros de Arturo
López Reverte **7** va al cine
8 ve una película en la
televisión

■ 10a

1 está **2** es **3** llama **4** Está
5 Es **6** Es **7** son **8** Tiene
9 son **10** Tenemos **11** hay

■ 11a

La semana pasada
El lunes hizo sol.
El martes hubo tormenta.
El miércoles llovió.
El jueves estuvo nublado /
hubo nubes.
El viernes hizo frío.
El sábado nevó.
El domingo hizo sol y estuvo
nublado / hubo nubes (fue
variable).

La semana próxima
El lunes hará sol.
El martes hará calor.
El miércoles lloverá.
El jueves hará sol y estará
nublado / será veriable.
El viernes habrá tormenta.
El sábado lloverá y hará frío
(hará mal tiempo).
El domingo habrá niebla.

■ 12

1 Es recepcionista en invierno
y guía turística en verano.
2 Como guía, hace un
recorrido por el antiguo
pueblo de Belchite. Dice a
los turistas donde estaba el
ayuntamiento, la iglesia, los
principales edificios del
pueblo. Despúes hace otra

pequeña visita del pueblo nuevo.

Como recepcionista, trabaja en on hotel en los Pirineos, a pie de pista en una estación de esquí.

3 Verano: 0900 se levanta, hace las visitas; 1300 va a casa a comer; tarde: hace otra visita, si hay turistas
Invierno: 0800–1600 o 1600–0000, depende del turno

4 Muy divertido (recepcionista)

■ 13a
1 5 **2** 4 **3** 2, 4 **4** 5 **5** 1 **6** 4
7 2 **8** 5 **9** 3

■ 15

■ 13b
1 1 **2** 1 **3** 2, 3 **4** 2 **5** 1
6 2, 3, 5 **7** 3 **8** 1 **9** 1, 3, 5

■ 14a
1 Anuncio 5 **2** En el periódico (*El País*) **3** Dos años de experiencia en diversas actividades relacionadas con el turismo y trabajó como guía turística durante cinco meses.
4 Hace un año que vive en el país y desea quedarse. Le gustaría mucho trabajar para la compañía. **5** Español, inglés, francés, alemán y un poco de italiano

	1	2	3	4
Lugar original	Hotel San Juan	en casa del señor Pérez	en oficina del señor Pérez	en oficina del señor Pérez
Día	viernes	hoy	hoy	hoy
Hora	10.00	21.00	16.00	16.30
Problema/ excusa	cancelada	la niña está enferma, tiene fiebre; hora demasiado tarde, tiene que trabajar	tienen que hacer un viaje urgente	tiene que ir al dentista
Alternativa	conferencia similar a las 9.30 el sábado, mismo hotel	mañana, a las 20.00	miércoles próximo a las 11.30	hablar a las 12.00, durante la comida

■ 17b

1 tres **2** 1,50€ **3** 1€ **4** 2,50€
5 Porque es un regalo de
cumpleaños **6** Cuatro o cinco
días

■ 17c

Keith Sanders, 25 Braemar
Road, Londres, NW6 8EH

■ 20

	Viaje 1	Viaje 2
el año	el año pasado	este año
el viaje de Colón	segundo viaje	tercer viaje
el nombre del barco	Guanahani	
el número de jóvenes	500	400
sus edades	16–17 años	
número de nacionalidades	26	24
lugares visitados	Huelva, Tenerife, la Gomera y Hierro, San Juan de Puerto Rico, Santo Domingo, Puerto Plata, Isabela, Puerto Navidad, La Habana, Miami, Guanahani (San Salvador), Lisboa	La Gomera, Las Islas de Cabo Verde, las Bocas del Orinoco, el Salto del Ángel, Ciudad Bolívar, Trinidad, Santo Domingo, la isla de Madeira
actividades		vivir la selva de cerca navegando en canoa y explorando tierras nuevas donde no ha llegado la civilización
puerto de vuelta	Cádiz	
duración	1 mes	32 días

■ 21

1 Duró un mes y medio. Para ganar dinero, empezaron a vender sus cosas y a hacer todo tipo de trabajos.

2 Porque hicieron anuncios de televisión (para cerveza y vestidos).

3 En Bolivia, ganaron el motocross más alto del mundo y en Argentina escalaron en invierno una montaña en la cordillera San Martín por primera vez en esta época del año.

4 Lo construyeron ellos mismos en Perú.

5 Seis.

6 Uno.

7 Seis volvieron; sólo una mochila y muchísimos DVDs y fotografías.

8 decidir (*to decide*), viajar (*to travel*), salir (*to leave*), llegar (*to arrive*), quedarse (*to be, to find oneself*), empezar (*to begin*), vender (*to sell*), hacer (*to do*), tener (*to have*), haber (*to have*), volver (*to return*), recibir (*to receive*), dar (*to give*), facilitar (*to provide*), ayudar (*to help*), hacer (*to make, to do*), batir (*to beat*), correr (*to run*), ganar (*to win*), escalar (*to climb*), bajar (*to go down*), construir (*to build*), tener (*to have*), hacer (*to make*), decidir (*to decide*), quedarse (*to stay*), vivir (*to live*), casarse (*to get married*), volver (*to return*), traer (*to bring*), estar de acuerdo (*to agree*), ser (*to be*).

■ 23a

Los señores Nogueras siempre van a la playa en agosto. Sus vacaciones **son** cortas pero (**son**) muy agradables. Pasan quince días en un camping, al lado del mar Mediterráneo, cerca de Torredembarra. El camping **es** muy grande y **está** muy limpio. Siempre **está** lleno de gente en verano. Los señores Nogueras no tienen una tienda, tienen un bungalow que **es** pequeño pero (**es**) muy bonito. Ellos **están** contentos porque tienen todo lo necesario. Los servicios del camping **están** muy bien y la playa **es** preciosa. Tienen muchos amigos y organizan fiestas y competiciones deportivas con ellos.

■ 24

See transcript, page 111.

■ 26a

La cama está rota, la calefacción no funciona, la luz no funciona, la lámpara de la mesita no tiene bombilla, las sábanas están sucias, la ventana está rota, falta una almohada. En el cuarto de baño, la luz no funciona, la ducha está rota, los grifos están rotos, el espejo está roto, la bañera está sucia, no hay papel higiénico, no hay toallas.

■ 26b

Le ofrece otra habitación.

■ 27

1 b **2** a **3** e **4** c **5** g **6** l **7** i **8** j **9** h **10** k **11** d **12** f

■ 28

procesiones, romerías, toros, vaquillas, encierros, competiciones deportivas, músicas y charangas, fuegos artificiales

■ 29

1 febrero **2** 15 agosto **3** 19 marzo **4** abril **5** 6 diciembre **6** 12 octubre **7** 6 enero **8** 24 junio **9** 7 julio

■ 31

1 Me gusta: el deporte, la fruta, etc.
Me gustan: los gatos, las naranjas, etc.
2 No me gusta: el fútbol, el ciclismo, etc.
No me gustan: las olivas, los perros, etc.
3 Me gusta: leer, escuchar música, jugar al tenis, etc.
4 Es bonita, grande, interesante, etc.
5 Vamos al cine, tomamos copas, salimos, bailamos, vamos de compras, hablamos, etc.
6 El fútbol, el tenis, la gimnasia, el baloncesto, el ciclismo, la natación, etc.
7 Estoy triste, contento/a, resfriado/a, enfermo/a, enfadado/a, cansado/a, etc.
8 Claro, vale, de acuerdo, me gustaría, etc.
9 No, lo siento, no puedo, etc.
10 ¿Quieres ...?, ¿Por qué ...?, ¿Te gustaría ...?
11 Voy a cenar, vas a nadar, va a venir, vamos a acostarnos, vais a ir, van a levantarse, etc.
12 Del oeste, de ciencia ficción, de dibujos animados, de terror, romántica, comedia, policiaca, etc.

13 Coche, autobús, tren, avión, barco, etc.

14 Billete, estación, plano, ida y vuelta, segunda clase, horario, etc.

15 Iré, compré, visitaré, haré, jugaré, estudiaré, trabajaré, etc.

16 Hace sol, hace viento, llueve, nieva, hay tormenta, hace frío, etc.

17 Dígame, soy yo, no está, no es aquí, ahora se pone, etc.

18 Estoy estudiando, comiendo, bailando, tomando el sol, trabajando, leyendo, etc.

19 Leí un libro, me levanté, desayuné, salí de casa, me duché, llegué a la oficina, etc.

20 Nací, viví, fui a la universidad, me casé, tuve una hija, etc.

21 Nació, vivió, fue a la universidad, se casó, tuvo un hijo, etc.

22 La cabeza, la boca, la mano, la pierna, la espalda, el estómago, el pie, la rodilla, etc.

23 Me duele la garganta, tengo fiebre, tengo tos, etc.

24 Tienes que comer menos; Debes trabajar menos; Tienes que ir a la cama; ¿Por qué no tomas una aspirina?

25 Me he levantado, he desayunado, he ido al trabajo, he salido a la cafetería, he tomado un café, he vuelto a casa

26 un bolso grande, de color rojo, de tela, liso
un pañuelo de seda, verde, pequeño, alargado, estampado
un anillo de oro, de tamaño mediano, pequeño

Recording transcripts

Pronunciación

Las vocales

a, e, i, o, u

a	padre	**ue** bueno
e	tengo	**ie** bien
i	fin	**au** trauma
o	foto	**ei** seis
u	gusto	**ai** bailar
		eu deuda
		oi hoy

Las consonantes

b	baile	**z**	zona
v	volver	**r**	pero
j	jugar		comer
g	gente	**rr**	perro
	gimnasio	**ll**	llamar
	guerra		
	guitarra	**ñ**	mañana
c	centro	**w**	whisky
	cine		water
	comida		

Stress

recepcionista	comer
patatas	recepción
cenan	inglés

Lección I ¿Quién eres?

■ Prepárate

televisión radio hotel garaje región
hospital sofá euro violín bar animal melón chocolate zoo cafetería

■ 1

Manuel Me llamo Manuel. ¿Y tú?

Carlos ¡Hola! Me llamo Carlos. ¿Y tú?

Mª Teresa Me llamo María Teresa. ¿Y tú?

Isabel Me llamo Isabel.

Todos ¡Hola!

■ 3

¡Hola!
Buenos días
Buenas tardes
Buenas noches
Adiós

■ 5

Magdalena ¡Hola! ¿Cómo te llamas?

Tessa ¡Hola! Me llamo Tessa. ¿Y tú?

Magdalena Me llamo Magdalena. ¿Qué tal?

Pedro Buenos días. ¿Cómo se llama?

Francisco Me llamo Francisco Pérez. ¿Y usted?

Pedro Me llamo García;
Pedro García.
Francisco ¡Mucho gusto!

■ 6

1
Rosa ¿Cómo se llama?
Arturo Me llamo Arturo.
2
Rosa ¿Cómo te llamas?
Carlitos Me llamo Carlitos.
3
Rosa ¿Cómo te llamas?
Begoña Me llamo Begoña.
4
Rosa ¿Cómo se llama?
Aurelia Me llamo Aurelia.
5
Rosa ¿Cómo te llamas?
Ángel Me llamo Ángel.
Rosa Mucho gusto.

■ 7

1
¿Cómo se llama?
Me llamo Arturo.
Mucho gusto.
Mucho gusto.
2
¿Cómo te llamas?
Me llamo Tessa. ¿Y tú?
Me llamo David.
¿Qué tal?

3
¿Cómo se llama?
Me llamo Juan Rodrigo
¿y usted?
Me llamo Rosa Yuste.
Mucho gusto.
Mucho gusto.

■ 8

Leticia Hola. Me llamo
Leticia. Soy estudiante. ¿Y
usted?
Pedro Me llamo García; Pedro
García. Soy arquitecto. ¿Y usted?
Pepe Me llamo Pepe. Soy
mecánico.
Pilar Buenos días. Me llamo
Pilar. Soy recepcionista en un
hotel.

■ 13

Sra. García Soy la señora
García. Soy secretaria. Éste es
el señor Pérez, es médico.
Señor Pérez, ésta es la señorita
González, es estudiante.
Sr Pérez Mucho gusto.
Srta. González Mucho gusto.

■ 15

Rosa ¡Hola! Me llamo Rosa.
Soy profesora. Soy española,
de Zaragoza.
Mª Teresa ¡Hola! Soy María
Teresa. Soy arquitecta. Soy
colombiana, de Bogotá.

■ 16

Bueno, empezando a la izquierda, la chica esa se llama Dawn y es inglesa. Luego hay un brasileño que se llama Alex. El chico sentado se llama Guy y es francés. Luego hay un japonés que se llama Hiroaki. También hay dos chicas rubias: Katrin es alemana y Carla es norteamericana. Luego Margot que es irlandesa. Al lado de Katrin está June, una escocesa, y al lado de Carla está Lorraine, que es galesa. Por último Luca, un italiano. Ésta es mi clase.

■ 20

Luis es el padre de Javier y Yolanda, y el marido de Alicia. Alicia es la madre de Yolanda y Javier, y la mujer de Luis. Javier es el hijo de Luis y Alicia, y el hermano de Yolanda. Yolanda es la hija de Luis y Alicia, y la hermana de Javier.

■ 22

Hola, me llamo Pablo. Tengo una hermana que se llama Susana y un hermano que se llama Miguel. Mi padre se llama Arturo y mi madre se llama Mari.

■ 24

El abecedario español:
a b c d e f g h i j k l m n ñ o p q r s t u v w x y z

■ 25

1 G-a-r-c-í-a
2 F-e-r-n-á-n-d-e-z
3 M-a-r-t-í-n-e-z
4 Y-u-s-t-e
5 G-o-n-z-á-l-v-e-z
6 E-z-q-u-e-r-r-a

■ 27

Hola, buenas noches. Les presento a nuestra primera pareja que está formada por Ángeles y Felipe García. Son hermanos, de Barcelona. Ángeles es policía y Felipe es enfermero. La segunda pareja es María Pérez que es secretaria, y Pedro Pérez, camarero. Son padre e hija y residentes en Madrid. Y por último, después de una semana de descanso, vuelven al programa llenos de energía nuestros campeones Ana y José Rodríguez que son también hermanos, de Córdoba. Ana es actriz y José estudiante. ¡Bienvenidos!

■ 28

cero, uno, dos, tres, cuatro, cinco, seis, siete, ocho, nueve

■ Vocabulario en casa

Más familia
el padrastro
la madrastra
el hermanastro
la hermanastra
el hijastro
la hijastra
el medio hermano
la media hermana

Lección 2 ¿Qué quieres?

■ Prepárate b
1 patatas fritas **2** olivas
3 agua mineral **4** empanadillas
5 café con leche **6** cerveza
7 tortilla de patata **8** sardinas
9 vino **10** té **11** refrescos

■ Prepárate c
Tapas: patatas fritas, olivas,
empanadillas, jamón, queso,
sardinas, tortilla de patata,
pan, calamares
Bebidas: café solo, café con
leche, té, agua mineral con
gas, agua mineral sin gas,
refrescos, zumo de naranja,
coca cola, cerveza, vino

■ 1
Virginia Hola.
Camarero Hola. ¿Qué quiere
tomar?
Virginia Quiero un café, por
favor.

Camarero ¿Café solo o café
con leche?
Virginia Café con leche, por
favor.
Camarero ¿Algo más?
Virginia ¿Hay tapas?
Camarero Sí. Hay olivas,
patatas fritas, empanadillas,
jamón, queso …
Virginia ¿Hay tortilla de
patata?
Camarero Sí, hay.
Virginia Bueno, pues …
tortilla de patata.
Camarero ¿Algo más?
Virginia No, nada más.
¿Cuánto es?
Camarero Cinco euros.

■ 2
1 A: ¿Quiere un café?
   B: Sí, gracias.
2 A: ¿Quiere una coca cola?
   B: No, gracias.
3 A: ¿Quiere un zumo de
      naranja?
   B: Sí, por favor.
4 A: ¿Quiere tortilla de
      patata?
   B: No, gracias.
5 A: ¿Quiere queso?
   B: No, gracias.
6 A: ¿Quiere una cerveza?
   B: Sí, por favor.

7 A: ¿Quiere jamón?
  B: Sí, por favor.
8 A: ¿Quiere pan?
  B: No, gracias.

■ 3

María ¿Quieres un té?
Juan No, gracias. Quiero un café solo.

■ 4

Camarero ¿Qué quiere?
Cliente Quiero un té con leche, por favor.
Camarero ¿Algo más?
Cliente No, nada más, gracias.

■ 5

1
Cliente ¿Hay jamón?
Camarero Sí, hay jamón.
2
Cliente ¿Hay patatas fritas?
Camarero No, no hay patatas fritas.

■ 8

A: ¿Quiere un bocadillo?
B: Sí, gracias, ¿qué bocadillos hay?
A: Hay bocadillos de jamón y de queso.
B: Quiero un bocadillo de queso, por favor.

■ 9

Menú del día
Primer plato
Ensalada mixta
Sopa
Macarrones
Segundo plato
Pollo con ensalada
Pescado
Carne con patatas fritas
Postre
Helado
Flan
Fruta del tiempo
Bebidas
Agua mineral con gas
Agua mineral sin gas
Vino tinto
Vino blanco
Cerveza
Café solo
Café cortado
Café con leche

■ 10

Camarero Hola, buenos días. ¿Qué quieren comer?
Cliente 1 El menú del día, por favor, para los dos.
Camarero ¿Qué quieren de primer plato?
Cliente 1 Para mí, sopa.
Cliente 2 Yo quiero ensalada.
Camarero Muy bien. ¿Y de segundo plato?

Cliente 2 Quiero carne con patatas fritas.

Camarero ¿Y para usted, señora?

Cliente 1 Para mí, pollo con ensalada .

Camarero ¿Qué quieren beber?

Cliente 1 Vino de la casa, por favor.

Camarero ¿Blanco o tinto?

Cliente 1 Tinto; y agua con gas.

Camarero ¿De postre?

Cliente 1 Yo, helado.

Cliente 2 Yo, fruta – melón, por favor.

Camarero ¿Quieren café?

Cliente 1 Sí, un café con leche y un cortado. ¿Tiene azúcar?

Camarero Sí, aquí tiene.

•••

Cliente 1 La cuenta, por favor.

■ 12

1 ¿Quieres vino?
2 ¿Qué hay?
3 ¡Mmm! ¡El bocadillo es bueno!
4 ¿Qué quieren tomar?
5 Quiero pollo con ensalada, por favor.
6 No, nada más.
7 La cuenta, por favor.
8 ¡Salud!

■ 13

Alfonso ¿Está ocupado?

María No, no.

Alfonso Gracias.

María ¿Eres español?

Alfonso No. Soy argentino, pero vivo aquí en Barcelona. ¿Y tú? ¿Eres de aquí?

María No, soy de Valencia, pero también vivo aquí. Soy estudiante en la universidad.

Alfonso Yo soy músico, pero también trabajo en una oficina. ¿Quieres tomar algo?

María Sí, un café con leche, ¿y tú? ¿quieres algo?

Alfonso Sí, una cerveza.

María ¡Camarero! Un café con leche y una cerveza.

■ 15

1 **A:** ¿Dónde vives?
  B: Vivo en Málaga.
2 **A:** ¿Dónde vives?
  B: Vivo en Lima.
3 **A:** ¿Dónde vives?
  B: Vivo en Santiago.
4 **A:** ¿Dónde vives?
  B: Vivo en Bogotá.
5 **A:** ¿Dónde vives?
  B: Vivo en Montevideo.
6 **A:** ¿Dónde vives?
  B: Vivo en Ciudad de México.

7 A: ¿Dónde vives?
   B: Vivo en Caracas.

■ 16

1 la calle **2** la avenida **3** la plaza **4** el paseo
5 la carretera

■ 17

1

Ana ¿Cómo se llama usted?
Luis Me llamo Luis Falcón.
Ana ¿Cómo se escribe su nombre?
Luis Se escribe: L-U-I-S F-A-L-C-Ó-N.
Ana ¿Cuál es su profesión?
Luis Soy periodista.
Ana ¿Dónde vive?
Luis Vivo en el paseo Reina Fabiola, número 24 en la ciudad de Zaragoza.
Ana ¿Cuál es su número de teléfono?
Luis Mi número de teléfono es el 976 416968.
Ana ¿Cuál es su email?
Luis Mi email es l.falcon@communica.es

2

Ana ¿Cómo se llama usted?
Mª Pilar Me llamo María Pilar Ruiz Izquierdo.
Ana ¿Cómo se escriben sus apellidos?

Mª Pilar R-U-I-Z I-Z-Q-U-I-E-R-D-O.
Ana ¿Cuál es su profesión?
Mª Pilar Soy profesora.
Ana ¿Dónde vive?
Mª Pilar Vivo en la avenida Goya, número 16–18, 1º D, en Madrid.
Ana ¿Cuál es su número de teléfono?
Mª Pilar Mi número de teléfono es el 917 569382.
Ana ¿Cuál es su dirección de correo electrónico?
Mª Pilar Mi correo electrónico es mpri@auto.com

3

Ana ¿Cómo se llama usted?
Antonio Me llamo Antonio Ramón Nadal.
Ana ¿Cuál es su profesión?
Antonio Soy director de un banco, trabajo en el Banco Popular.
Ana ¿Dónde vive?
Antonio Vivo en la calle Mayor, 40–42 Terrassa, Barcelona.
Ana ¿Cuál es su número de teléfono?
Antonio Teléfono 93 7961 456.
Ana ¿Cuál es su email?
Antonio Es informacion@internacional.es

■ 18

diez, once, doce, trece, catorce, quince, dieciséis, diecisiete, dieciocho, diecinueve, veinte, veintiuno, treinta y dos, cuarenta y tres, cincuenta y cuatro, sesenta y cinco, setenta y seis, ochenta y siete, noventa y ocho, cien

■ 18a

once, doce, quince, diecisiete, dieciocho, veintiuna, treinta y dos, cincuenta y cuatro, ochenta y siete, cien

■ 21

A: ¿Cómo te llamas?
B: Me llamo José Luis Martín Yuste.
A: ¿Cómo se escribe?
B: Y-U-S-T-E.
A: ¿Dónde vives?
B: Vivo en la calle Roger Tur, número veintinueve .
A: ¿Cómo se escribe?
B: R-O-G-E-R T-U-R.
A: ¿Cuántos años tienes?
B: Tengo treinta y dos años.

■ 24

cien
doscientos, doscientas
trescientos, trescientas
cuatrocientos, cuatrocientas
quinientos, quinientas
seiscientos, seiscientas
setecientos, setecientas
ochocientos, ochocientas
novecientos, novecientas
mil
un millón
ciento diez
doscientos veinte
trescientos treinta
cuatrocientos cuarenta y cuatro
quinientos cincuenta y cinco

■ Vocabulario para la próxima lección

la capital
la ciudad
el pueblo
la provincia
el kilómetro
los habitantes
el monumento
la agricultura
la industria
el agua (f)

Lección 3 ¿Dónde está?

■ Prepárate b

1 E Chile   2 C Perú
3 G Guatemala   4 A Nicaragua
5 D Uruguay   6 H Colombia
7 B Venezuela   8 F Bolivia

■ Prepárate d

1 Lima es la capital de Perú.
2 Buenos Aires es la capital de Argentina.
3 Quito es la capital de Ecuador.
4 Caracas es la capital de Venezuela.
5 La Paz es la capital de Bolivia.
6 Montevideo es la capital de Uruguay.
7 Managua es la capital de Nicaragua.
8 Ciudad de Guatemala es la capital de Guatemala.

■ 1

Rosa No eres española, ¿verdad?
Mª Teresa No. Soy colombiana, pero vivo en Madrid.
Rosa ¿Cuál es la capital de Colombia?
Mª Teresa Bogotá. Yo soy de allí.
Rosa ¿Y dónde está exactamente?
Mª Teresa Pues, está en el centro del país.
Rosa ¿Es muy grande?
Mª Teresa Sí. Tiene cinco millones de habitantes.

■ 2

1 Madrid está en el centro de España.
2 Bogotá está en el centro de Colombia.
3 Buenos Aires está en el este de Argentina.
4 Santiago está en el centro de Chile.
5 Montevideo está en el sur de Uruguay.
6 Lima está en el oeste de Perú.
7 Caracas está en el norte de Venezuela.
8 Barcelona está en el noreste de España.

■ 4

Rosa María ¿Dónde está Mendoza?
Héctor Está en el oeste de Argentina.
Rosa María ¿Está cerca de Buenos Aires?
Héctor No, está muy lejos.

Rosa María ¿A cuántos kilómetros está?

Héctor A mil kilómetros.

Ángeles ¿Dónde está Belchite?

Rosa María Está en el noreste de España, en la provincia de Zaragoza.

Ángeles ¿Está cerca de Zaragoza?

Rosa María Sí, está cerca.

Ángeles ¿A cuántos kilómetros está?

Rosa María A cuarenta kilómetros.

■ 6

1

A: ¿Dónde está Sos del Rey Católico?

B: Está en el norte de la provincia.

A: ¿Está cerca de Zaragoza?

B: No, está lejos.

A: ¿A cuántos kilómetros está?

B: A ciento veintidós.

2

A: ¿Dónde está Caspe?

B: Está en el sureste de la provincia.

A: ¿Está cerca de Zaragoza?

B: No, está lejos.

A: ¿A cuántos kilómetros está?

B: A ciento ocho.

3

A: ¿Dónde está Ateca?

B: Está en el suroeste de la provincia.

A: ¿Está cerca de Zaragoza?

B: No, está lejos.

A: ¿A cuántos kilómetros está?

B: A cien kilómetros.

4

A: ¿Dónde está Belchite?

B: Está en el sur de la provincia.

A: ¿Está cerca de Zaragoza?

B: Sí, está bastante cerca.

A: ¿A cuántos kilómetros está?

B: A cuarenta y nueve.

5

A: ¿Dónde está Alagón?

B: Está en el centro de la provincia.

A: ¿Está cerca?

B: Sí, muy cerca, a quince kilómetros.

6

A: ¿Dónde está Épila?

B: Está al suroeste de Zaragoza.

A: ¿Está lejos?

B: No, está muy cerca, a treinta kilómetros.

7

A: ¿Dónde está Zuera?

B: Está muy cerca de Zaragoza, en el noreste.

A: ¿A cuántos kilómetros está?

B: A veintitrés.

■ **8**

1 Se llama Amaya Arzuaga, es diseñadora de moda. Es española. Es de Lerma, un pueblo pequeño que está en el norte de España. Lerma está a 40 kilómetros de Burgos y tiene 2.500 habitantes.

2 Se llama Mari Pau Domínguez, es periodista y escritora. Es catalana. Es de Sabadell, una ciudad que está en el noreste de España. Sabadell está a 30 kilómetros de Barcelona y tiene 200.000 habitantes.

■ **9**

Rosa María Buenas tardes.

Sra Yuste Hola, buenas tardes.

Rosa María ¿De dónde es usted?

Sra Yuste Yo soy de Belchite.

Rosa María ¿Dónde está Belchite?

Sra Yuste Está cerca de aquí, a cuarenta y cinco kilómetros, más o menos.

Rosa María ¿Vive allí?

Sra Yuste No, no. No vivo allí. Vivo aquí, en Zaragoza.

Rosa María ¿Es grande Belchite?

Sra Yuste Grande no. No es grande. Hay más o menos mil quinientos habitantes. Es muy pequeño.

Rosa María Y ¿cómo es?

Sra Yuste Pues, hay un pueblo viejo, monumental, destruido durante la guerra civil. Está cerca del pueblo nuevo. En el pueblo viejo hay muchos monumentos, pero en el pueblo nuevo no hay mucho. Hay una piscina, un campo de fútbol, hay bares, y mucha agricultura, sí mucha, pero no hay agua.

■ **10**

A: Hola María. ¿Dónde estás?

B: Estoy en Guadix.

A: ¿Dónde está Guadix?

B: Está cerca de Granada. Y tú, ¿dónde estás?

A: Estoy en casa.

■ **13**

la izquierda
la derecha
la primera a la izquierda
la segunda a la derecha
la tercera a la izquierda
todo recto, al final de la calle

■ 14

1

A: Por favor, ¿dónde está el Museo de Arte Moderno?

B: Siga esta calle todo recto y toma la segunda a la derecha. El museo está a la izquierda de la calle.

2

A: ¿Y puedes decirme también dónde está la catedral?

B: Está en la primera calle a la izquierda, al final de la calle.

A: Muchas gracias.

3

A: Oye, por favor, ¿dónde está la estación?

B: Siga esta calle todo recto y tome la tercera a la izquierda, siga hasta el final de la calle y a la derecha se encuentra la estación.

A: Muchas gracias.

4

A: Oye, por favor, ¿puedes decirme dónde está el restaurante Pepe? ¿Está por aquí?

B: Sí, tome la primera a la derecha, continúe todo recto hasta el final. Allí está el restaurante Pepe, a la derecha.

■ 16

Sales de la estación y sigues todo recto, tomas la segunda a la izquierda hasta el final, entonces sigues a la derecha y después a la izquierda, continúas todo recto y mi casa está al final de la calle a la derecha.

■ 18

1 un banco

2 un supermercado

3 un parque

4 una piscina

5 un estadio de fútbol

6 una estación

7 un cine

8 una comisaría

■ 19

A está en la esquina.

B está al lado de Y.

C está enfrente de Z.

D está en el semáforo.

E está sobre la mesa.

F está debajo de la mesa.

G está delante de H.

H está detrás de G.

I está entre J y K.

■ 20

1

A: ¿Hay un hotel por aquí?

B: Sí, hay un hotel.

A: ¿Dónde está el hotel?

B: El hotel está al lado del cine.

2

A: ¿Hay un museo por aquí?

B: Sí, hay un museo.

A: ¿Dónde está el museo?

B: El museo está enfrente del banco.

3

A: ¿Hay un hospital por aquí?

B: Sí, el hospital está detrás de la estación.

4

A: ¿Hay una gasolinera por aquí?

B: Sí, la gasolinera está en la esquina.

■ Vocabulario en casa

el aeropuerto
el ayuntamiento
el centro deportivo
el instituto
la oficina de turismo
la parada de autobús
la plaza de toros
la universidad

■ Vocabulario para la próxima lección

una casa
un piso
un apartamento
un chalé
un garaje

una piscina
un jardín
una puerta
una terraza
un balcón
una ventana
caro, cara
barato, barata
una casa cara
un piso barato

Lección 4 ¿Cómo es?

■ Prepárate a

1 una habitación doble
2 una habitación individual
3 desayuno
4 media pensión
5 pensión completa
6 calefacción
7 aire acondicionado
8 ascensor
9 baño
10 ducha

■ Prepárate b

1 h   una habitación doble
2 d   una habitación individual.
3 g   desayuno
4 a   media pensión
5 b   pensión completa
6 f   calefacción
7 c   aire acondicionado
8 i   ascensor
9 e   baño
10 j   ducha

■ 1

Recepcionista Buenos días.
Cliente Buenos días. ¿Tiene habitaciones libres?
Recepcionista Sí, señor.
Cliente Quiero una habitación individual, por favor.
Recepcionista Sí, ¿para cuántas noches?
Cliente Para tres noches. Desde hoy al tres de junio. ¿Cuánto es la habitación?
Recepcionista Son cien euros por noche. ¿Quiere desayunar en el hotel?
Cliente Sí, por favor. ¿Está incluido el desayuno?
Recepcionista Sí. Está incluido. Su documento de identidad, por favor.
Cliente Sí, tengo mi pasaporte.
Recepcionista Perfecto. Aquí tiene la llave. La habitación quinientos veinte. Está en el quinto piso. El ascensor está al final del pasillo a la derecha.
Cliente Muchas gracias.
Recepcionista De nada.

■ 2

1

Cliente Buenos días.
Recepcionista Buenos días.
Cliente Una habitación doble con baño, por favor.
Recepcionista Sí. ¿Para cuántas noches?
Cliente Para cuatro.
Recepcionista ¿Quiere desayunar en el hotel?
Cliente Sí, sí, claro. Y también cenar. Quiero media pensión.
Recepcionista De acuerdo. Su carnet de identidad, por favor.

2

Cliente Buenas tardes. Quiero una habitación doble con dos camas y una individual, por favor, para esta noche.
Recepcionista Muy bien.
Cliente Con baño.
Recepcionista De acuerdo.
Cliente ¿Está incluido el desayuno?
Recepcionista Sí, el desayuno está incluido en el precio.
Cliente Estupendo.
Recepcionista ¿Me da su pasaporte, por favor? Firme aquí.

3

Recepcionista Buenos días. ¿Qué desea?
Cliente Una habitación individual con baño.

Recepcionista Lo siento, pero no me quedan habitaciones con baño. Tengo una con lavabo y el baño está al lado mismo de la habitación.

Cliente Vale. Está bien.

Recepcionista ¿Para cuántas noches la quiere?

Cliente Para cinco. Con pensión completa.

Recepcionista Muy bien.

■ 4

El calendario

Los meses del año

enero febrero marzo abril
mayo junio
julio agosto septiembre
octubre noviembre diciembre

Los días de la semana

lunes martes miércoles
jueves viernes sábado
domingo

■ 6

1

Recepcionista Hotel Oriente, dígame.

Cliente Por favor, quiero reservar dos habitaciones dobles para el veinticinco de junio, para tres noches.

Recepcionista Muy bien, su nombre, por favor.

2

Recepcionista Hotel Oriente, dígame.

Cliente ¿Puede reservarme una habitación individual para el diecisiete de marzo?

Recepcionista Sí. ¿Para cuántas noches la quiere?

Cliente Para once.

Recepcionista De acuerdo.

■ 8

1 Aquí tiene las llaves. La habitación está en el octavo piso.

2 Tenemos servicio de despertador.

3 Hay ascensor. Está al final del pasillo a la izquierda.

4 ¿Son éstas sus maletas?

5 El desayuno se sirve entre las ocho y las diez.

6 El aparcamiento está detrás del hotel.

7 También puede aparcar en la entrada del hotel.

■ 12

1 m primera línea playa
2 r tiendas
3 h jardín
4 k piscina
5 i juegos niños
6 n restaurante
7 q terraza

8 c   auto-servicio
9 d   bar / cafetería
10 b   aparcamiento
11 a   aire acondicionado
12 e   calefacción central
13 l   pistas de tenis
14 p   salón televisión
15 g   discoteca
16 j   peluquería
17 o   sala de fiestas
18 f   cine

■ 15

1g terraza
2e cuarto de baño
3a dormitorio
4d pasillo
5f comedor
6c cocina
7b salón

■ 16

Rosa María Jesús, dime cómo es tu casa.

María Jesús Mi casa es bastante grande. En la planta baja está el taller mecánico dónde trabaja mi padre y en la planta alta está la vivienda. Es un piso. Tiene cuatro dormitorios, un salón comedor, un comedor, dos baños y la cocina.

Rosa ¿Tú tienes tu cuarto?

María Jesús Tengo mi propio cuarto, ya que no tengo hermanas.

■ 17a

Primer piso (primero), segundo piso, tercer piso (tercero), cuarto piso, quinto piso, sexto piso, séptimo piso, octavo piso, noveno piso, décimo piso

■ 17b

1 Voy al quinto.
2 Al segundo.
3 Al octavo.
4 Voy al noveno.

■ 19

La casa es vieja, grande y bonita.
La casa está sucia, desordenada, vacía y fría.
La casa está limpia, ordenada, llena de muebles y caliente.

■ 25a

1 el escritorio
2 la silla
3 el armario
4 la cama
5 la ducha
6 la bañera
7 la escalera
8 el sofá
9 la televisión
10 la mesilla
11 el sillón
12 el lavabo

13 la taza
14 la cómoda
15 el espejo
16 la mesa
17 la estantería
18 la cocina
19 el frigorífico

■ 25b

1 j el escritorio
2 p la silla
3 b el armario
4 a la cama
5 g la ducha
6 i la bañera
7 l la escalera
8 k el sofá
9 r la televisión
10 c la mesilla
11 n el sillón
12 d el lavabo
13 h la taza
14 o la cómoda
15 e el espejo
16 f la mesa
17 s la estantería
18 q la cocina
19 m el frigorífico

■ Vocabulario para la próxima lección

vivir	Vivo en Madrid.
trabajar	Trabajo en una tienda.
comer	Como a las dos.
levantarse	Me levanto.
salir	Salgo de casa.
llegar	Llego a mi trabajo.
volver	Vuelvo por la tarde.

Lección 5 ¿Qué haces?

■ Prepárate

A: ¿Dónde vives?
B: Vivo en un apartamento.
A: ¿Dónde comes?
B: Como en un restaurante.
A: ¿Dónde trabajas?
B: Trabajo en una oficina.
A: ¿Qué haces en casa?
B: Escucho música.
A: ¿Qué lees?
B: Leo revistas.

■ 1

Rosa ¿Qué haces, Alicia? ¿Trabajas?
Alicia Sí, trabajo en una tienda, es una papelería.
Rosa Y ¿qué horario tienes?
Alicia Trabajo de nueve a una y de cuatro a ocho por la tarde.
Rosa Trabajas mucho, ¿no?
Alicia Sí, pero tengo tres horas libres a mediodía para comer.
Rosa ¿Vives cerca de la tienda?
Alicia Sí, vivo muy cerca.

Rosa Y ¿vas a casa a mediodía?

Alicia Generalmente, sí. Como en casa a las dos, más o menos.

■ 3

1

Rosa Charo, ¿dónde vives?

Charo Vivo en la calle Hermanos Gambra de Zaragoza.

Rosa ¿Estudias o trabajas?

Charo Estudio y trabajo.

Rosa ¿Qué estudias?

Charo Estudio Filología inglesa.

Rosa Y ¿en qué trabajas?

Charo Trabajo en una academia de inglés.

Rosa ¿Haciendo qué?

Charo Soy profesora de inglés. Enseño a los niños.

Rosa Y ¿dónde comes?

Charo Como en casa.

Rosa ¿A qué hora?

Charo Sobre las dos.

Rosa ¿Tienes hermanos?

Charo Sí, tengo un hermano.

Rosa ¿Cuántos años tiene tu hermano?

Charo Él tiene veintidós años.

Rosa ¿Qué … qué música escuchas?

Charo Escucho música nacional y música clásica.

Rosa ¿Qué revistas o libros compras?

Charo Compro y leo todo tipo de revistas y libros.

2

Rosa ¿Cómo te llamas?

Luisa Luisa.

Rosa ¿Dónde vives?

Luisa En Tenor Fleta, cincuenta y siete.

Rosa ¿En qué ciudad?

Luisa En Zaragoza.

Rosa ¿Estudias o trabajas?

Luisa Estudio.

Rosa ¿Dónde comes generalmente?

Luisa En mi casa.

Rosa ¿Y a qué hora comes?

Luisa A las tres.

Rosa ¿Tienes hermanos?

Luisa Sí, siete.

Rosa ¿Chicos o chicas?

Luisa Chicos y chicas.

Rosa ¿Cuántos?

Luisa Cuatro chicos y tres chicas.

Rosa ¿Qué música escuchas?

Luisa Generalmente rock.

Rosa ¿Y qué libros o revistas lees?

Luisa Mmm. Leo el periódico y novelas.

3
Rosa ¿Cómo te llamas?
Ana Ana.
Rosa ¿Dónde vives, Ana?
Ana En María Moliner, sesenta y dos.
Rosa ¿Trabajas o estudias?
Ana Trabajo.
Rosa ¿En qué trabajas?
Ana En una peluquería.
Rosa ¿Dónde comes?
Ana En un bar cerca de la peluquería.
Rosa ¿A qué hora comes?
Ana Sobre las dos y media.
Rosa ¿Tienes hermanos?
Ana Sí, uno.
Rosa ¿Cómo se llama?
Ana Juan.
Rosa ¿Qué música escuchas?
Ana Generalmente pop español.
Rosa ¿Y qué revistas o libros lees?
Ana Periódicos y literatura española.

4
Rosa ¿Cómo te llamas?
Tomás Mi nombre es Tomás.
Rosa ¿Dónde vives?
Tomás En el camino de las Torres, número veintinueve, de Zaragoza.
Rosa ¿Estudias o trabajas?

Tomás Estoy trabajando.
Rosa ¿En qué trabajas?
Tomás Soy electricista en la empresa Balay.
Rosa Y ¿a qué hora comes y dónde?
Tomás Suelo comer sobre las dos y media y en casa de mis padres que es donde vivo.
Rosa ¿Tienes hermanos?
Tomás Sí, tengo dos hermanas.
Rosa ¿Qué música escuchas?
Tomás Principalmente música española.
Rosa ¿Y qué revistas o libros compras?
Tomás Revistas de índole deportivo y literatura de ficción.

■ **5**
¿Qué hora es?
Es la una.
Son las dos.
Son las nueve.
Son las doce.

■ **7**
Son las seis en punto.
Son las seis y cinco.
Son las seis y diez.
Son las seis y cuarto.
Son las seis y veinte.
Son las seis y veinticinco.

Son las seis y media.
Son las siete menos
veinticinco.
Son las siete menos veinte.
Son las siete menos cuarto.
Son las siete menos diez.
Son las siete menos cinco.

■ 8

1 Son las dos menos cuarto de la tarde.
2 Son las seis y media de la tarde.
3 Son las doce menos cuarto de la noche.
4 Son las ocho y diez de la mañana.
5 Son las cinco y veinticinco de la tarde.
6 Son las nueve menos veinte de la mañana.
7 Son las diez menos diez de la mañana.
8 Son las once menos veinticinco de la noche.
9 Son las doce y media de la noche.
10 Son las seis de la mañana.

■ 9

1 Son las dos y media de la tarde.
2 Son las diez menos cuarto de la mañana.
3 Son las cuatro y cuarto de la tarde.

4 Es la una menos veinticinco de la tarde.
5 Son las siete menos diez de la mañana.
6 Son las dos y cinco de la tarde.
7 Son las once y veinte de la noche.
8 Son las tres de la mañana.

■ 10

A: ¿Adónde vas?
B: Voy al gimnasio.
A: ¿Qué haces en el gimnasio?
B: Hago gimnasia.

■ 11

Rosa ¿Qué haces todos los días, Virginia?
Virginia Me levanto a las siete de la mañana. Voy a clase. Las clases empiezan a las ocho. Salgo de las clases a las dos. Llego a casa y como a las tres, más o menos. Por las tardes, a las cinco, voy a un gimnasio porque soy profesora y doy clases de gimnasia y aerobic. Llego a casa sobre las ocho, ceno un poco, hago mis deberes y me acuesto sobre las once o las doce de la noche.

■ 12

Rosa Charo, ¿puedes decirme qué haces en un día normal?

Charo Sí. Me levanto a las ocho de la mañana. A las nueve de la mañana salgo de casa y voy a la universidad. Acabo a la una y vuelvo a casa para comer. A las cinco de la tarde voy a trabajar a la academia de inglés y termino a las nueve de la noche. Entonces vuelvo a casa, ceno y estudio o me voy a la cama.

Rosa Es un día muy largo, ¿no?

Charo Sí, muy largo.

■ 16

1 extrovertido tímido
2 insensible sensible
3 mentiroso sincero
4 irresponsable responsable
5 perezoso trabajador
6 pesimista optimista
7 tonto inteligente
8 tranquilo nervioso
9 antipático simpático

■ 17

María Teresa Mi amigo Tomás es un chico responsable, muy trabajador, un poco tímido, pero muy tranquilo. Virginia es muy inteligente, simpática, un poco nerviosa.

■ Vocabulario para la próxima lección

azul, rojo, amarillo, rosa, blanco, verde, negro, marrón, naranja, gris, granate

Lección 6 ¿Algo más?

■ Prepárate

pasta, arroz, sardinas, queso, jamón, olivas, café, patatas fritas

■ 1

Cliente Buenos días. Deme leche, por favor.

Dependienta ¿Un litro?

Cliente Sí, un litro.

Dependienta ¿Algo más?

Cliente Sí. Quiero un kilo de tomates y aceite.

Dependienta ¿Quiere algo más?

Cliente No, nada más.

Dependienta Aquí tiene.

Cliente ¿Cuánto es?

Dependienta Son nueve euros.

■ 3

1 En la verdulería compras la verdura.
2 En la carnicería compras la carne.
3 En la pastelería compras los pasteles.

4 En la panadería compras el pan.

5 En la pescadería compras el pescado.

6 En la frutería compras la fruta.

■ 4

verdura: cebollas, lechuga, patatas, tomates
fruta: manzanas, naranjas, peras, plátanos
pescado: bacalao, merluza, sardinas, trucha
carne: cordero, lomo, pollo, salchichas

■ 6

1 cien gramos de queso o cien gramos de jamón

2 un cuarto de jamón o un cuarto de queso

3 medio kilo de plátanos o medio kilo de zanahorias

4 un kilo de zanahorias o un kilo de plátanos

5 un litro de leche

6 media docena de huevos

■ 7

1

A: Buenos días, ¿qué desea?

B: Deme ciento cincuenta gramos de jamón y cuarto kilo de queso.

A: ¿Algo más?

B: Sí, una botella de leche y medio litro de aceite.

A: ¿Alguna cosa más?

B: No, gracias.

2

C: Buenos días, ¿qué le pongo?

D: Deme dos kilos de patatas y medio kilo de tomates.

C: ¿Quiere algo más?

D: Sí, póngame tres cuartos de uvas y un kilo de peras.

C: ¿Algo más?

D: Nada más, ¿cuánto es?

3

E: Buenos días, ¿qué desea?

F: Quiero un pollo, por favor, y kilo y medio de salchichas.

E: ¿Algo más?

F: Sí, deme medio kilo de chorizo.

E: ¿Qué más quiere?

F: Nada más, gracias.

■ 9

una lata de olivas
media docena de huevos
una caja de galletas
un bote de mermelada
un paquete de patatas fritas

■ 10

Compre en Supermercado 'Sol' Ofertas especiales esta semana. Uva a un euro sesenta el kilo.

Melón a noventa céntimos el kilo y manzana Golden a un euro treinta el kilo.

En carnes tenemos: salchichas frescas a cuatro euros cincuenta, lomo de cerdo a seis euros cincuenta y ocho el kilo, y ternera a nueve euros setenta y cinco el kilo.

En charcutería: jamón extra a once euros noventa y queso a nueve euros veinticinco el kilo.

■ 13

Compramos un mapa en una papelería.
Compramos medicinas en una farmacia.
Compramos un bronceador en una perfumería.
Compramos sellos en un estanco.

■ 14

A

1 una chaqueta
2 una camisa
3 una corbata
4 un pantalón
5 unos zapatos

B

6 una blusa
7 una falda
8 unas sandalias
9 un cinturón
10 un bolso

C

11 un abrigo
12 una bufanda
13 un jersey
14 unos vaqueros
15 unas botas

D

16 una camiseta
17 una gorra
18 unos pantalones cortos
19 unas zapatillas de deporte
20 unos calcetines

E

21 un vestido
22 unas botas
23 unos guantes
24 unas medias
25 un pañuelo

■ 15

1 rojo 2 azul 3 verde
4 amarillo 5 blanco 6 negro
7 gris 8 marrón 9 rosa
10 naranja

■ 18

1

Cliente ¿Puedo probarme esta falda, por favor?
Dependienta Sí, a ver. ¿Cuál es su talla?
Cliente La cuarenta.
Dependienta Ésta es muy grande. Mire, ésta es su talla.
Cliente Sí, pero la quiero negra y ésta es azul.

Dependienta Sí, un momento … Ésta …

Cliente ¿Cuánto es ésta?

Dependienta Treinta y seis euros.

Cliente Sí, ésta me gusta.

2

Cliente Por favor, ¿tiene esta chaqueta en otros colores?

Dependienta Sí, ¿qué color le gusta?

Cliente Verde.

Dependienta ¿Le gusta ésta?

Cliente A ver. Es muy grande. Quiero una talla más pequeña.

Dependienta ¿Ésta?

Cliente ¿Qué talla es?

Dependienta La cuarenta y dos.

Cliente Sí, ésta … pero ¿es el mismo precio?

Dependienta Pues, es un poco más cara, sesenta euros.

Cliente No, gracias, es muy cara.

3

Cliente Quiero ese jersey, por favor.

Dependienta ¿Cuál, el blanco?

Cliente Sí.

Dependienta Ése no es de señora, ¿eh?

Cliente No, no, es para mi hermano.

Dependienta Ah, vale.

Cliente ¿Es la talla grande?

Dependienta Sí.

Cliente Vale, me lo quedo.

Dependienta Muy bien. Son veintinueve euros.

■ 20

Un chico alto, una chica alta
Un joven bajo, una joven baja
Un hombre delgado, una mujer delgada
Un niño gordo, una niña gorda
Un chico rubio, una chica rubia
Un señor moreno, una señora morena

■ 23

A: ¿A qué hora abre el museo?

B: Abre a las once.

A: ¿Y a qué hora cierra?

B: Cierra a las siete y media.

■ 24

A: ¿A qué hora abre la oficina de turismo?

B: Por la mañana, de lunes a sábado abre a las diez y media.

A: ¿Y a qué hora cierra?

B: Cierra a la una de la tarde.

A: ¿Abre por la tarde?

B: Sí, por la tarde abre otra vez a las cuatro y cierra a las nueve, excepto domingos y festivos que cierra por la tarde.

A: Y los domingos, ¿abre también a las diez y media?

B: Sí, y cierra a la una y media.

A: Muchas gracias.

B: De nada.

■ 25

A: Buenos días. ¿A qué hora empieza la película?

B: Empieza a las siete.

A: Y ¿a qué hora termina?

B: Termina a las nueve.

A: Deme dos entradas para la sesión de las siete, por favor.

■ Vocabulario en casa

En un supermercado o unos grandes almacenes: la entrada, la salida, el directorio, la caja, los servicios, caballeros, señoras, Información, la primera planta, la segunda planta, el sótano, el garaje

Lección 7
Repaso y ampliación
■ Prepárate

Javier Hola, me llamo Javier. Ésta es mi familia: Éste es mi abuelo, se llama Jorge. Mi abuela se llama Francisca. Ésta es mi madre, se llama Marisol, y éste es mi padre, que se llama Enrique. Mi hermano menor se llama José y mi hermana mayor, Sara. También tengo un hermano mayor, Rafael, que está casado con Antonia que es mi cuñada. Tienen una hija, Clara, que es mi sobrina. Tengo un tío que se llama Luis y una tía que se llama Ana. Tienen dos hijos que son mis primos: David es mi primo y Conchita, mi prima.

■ 1

1 Hola, soy Eduardo. Éste es mi padrastro, se llama Federico, y ésta es mi madre Mariana.

2 ¿Qué tal? Me llamo Teresa. Éste es mi padre, Felipe. No tengo madre ni hermanos. Soy hija única, pero tengo muchos primos.

3 Hola, me llamo Luisa. Éste es mi marido Juan y éstos son los hijos de mi marido, mis hijastros. Son gemelos y muy pequeños, tienen tres años. Se llaman Juanito y Pepito.

4 Hola, ¿qué tal? Soy Isabel. Ésta es mi madrastra, se llama Beatriz, y éste es mi hermanastro, se llama Pablo.

5 Hola, soy Ana. Éste es mi cuñado Antonio y ésta es mi sobrina Elena.

6 ¿Qué tal? Soy Manuel. Éste es mi hijo mayor, Julio, y ésta es mi nieta Rosita.

■ 3

Rosa ¿Cómo te llamas?

María Jesús Me llamo María Jesús.

Rosa ¿De dónde eres?

María Jesús Soy de Belchite.

Rosa ¿Cuál es tu profesión?

María Jesús Soy recepcionista en un hotel y también guía turística.

Rosa ¿Dónde vives?

María Jesús Vivo en Belchite.

Rosa ¿Dónde está Belchite?

María Jesús Está a cincuenta kilómetros de Zaragoza.

Rosa ¿Puedes hablarme un poco de tu familia?

María Jesús Sí. Tengo dos hermanos, uno de ellos está casado y tiene una niña, y mis padres también viven.

Rosa ¿Y cómo se llama tu sobrina?

María Jesús Mi sobrina se llama Gemma.

Rosa ¿Cuántos años tienen tus hermanos?

María Jesús Mi hermano, el más mayor, tiene treinta años y está soltero. El segundo tiene veintiocho años y está casado y yo tengo veinticuatro años.

Rosa ¿Y tú tienes novio?

María Jesús No, no tengo novio.

Rosa Pero tienes muchos amigos.

María Jesús Sí, tengo muchos amigos.

Rosa ¿Cómo se llama tu mejor amiga?

María Jesús Mi mejor amiga se llama Chon.

Rosa ¿Cómo es?

María Jesús Es alta, morena, con pelo rizado, ojos negros y lleva gafas.

Rosa ¿Y cómo es su carácter?

María Jesús Es muy simpática, muy divertida y … nos queremos mucho.

■ 7

María Por favor, ¿tiene un plano de la ciudad?

Empleada Sí, aquí tiene.

María Gracias. ¿Dónde está el Monasterio de Piedra? ¿Está aquí, en la ciudad?

Empleada Pues no, no está aquí en Zaragoza.

María ¡Ah! ¿Está cerca?

Empleada No, está lejos. Está

cerca de Calatayud, una ciudad grande muy bonita … al sudoeste de Zaragoza.

María ¿A cuántos kilómetros está de aquí?

Empleada A ciento quince. Mire, aquí tiene un mapa de la provincia.

María ¿Cómo se va?

Empleada ¿Tiene usted coche?

María Sí, sí, tengo coche.

Empleada Bueno, pues va por la carretera de Madrid, y en Calatayud toma a la izquierda la carretera que va a Molina de Aragón, y es el segundo desvío a la derecha.

María Ya … ¿Y a qué hora abre el monasterio?

Empleada Pues … a ver … Abre a las nueve y media.

María ¿Y a qué hora cierra?

Empleada Pues, cierra a las siete y media de la tarde.

María ¿Está abierto todos los días?

Empleada Sí, ahora en junio, sí, pero está cerrado del uno de diciembre al uno de marzo.

María ¿Hay restaurante en el monasterio?

Empleada Sí, hay un restaurante muy bueno con comida típica de la zona. También hay un restaurante de comida rápida y dos bares.

■ 8

1

María Por favor, quiero un coche pequeño.

Empleado Pues, tengo un Citroen de tres puertas.

María ¿Cuánto cuesta?

Empleada Ochenta euros por día.

María Bueno, sí, quiero el Citroen.

Empleada ¿Para cuántos días lo quiere?

María Para una semana.

Empleada ¿Su carnet de conducir y el documento de identidad, por favor?

María Sí, aquí tiene. ¿Está lleno el depósito de gasolina?

Empleada Sí, pero no es gasolina, es diesel. Tiene que traer el depósito lleno.

María Bien, gracias.

2

María ¿Dónde está la gasolina sin plomo, por favor?

Empleado Mire, esta allá, a la izquierda.

María ¿Cuánto es, por favor?

Empleado Son cincuenta euros.

María Deme un recibo, por favor.

Empleado Sí, aquí tiene.

3

María Tengo un problema, el coche no funciona … Es el motor.

Empleada Lo siento, el taller está cerrado. El mecánico no está.

María ¿Hay otro taller en el pueblo?

Empleada No, pero hay un taller en un pueblo cerca, a quince kilómetros.

4

Mecánico ¿Dígame?

María Oiga señorita … Mi coche tiene una avería.

Mecánico ¿Dónde está?

María Estoy en la carretera de Madrid.

Mecánico Sí, pero ¿dónde exactamente?

María En el kilómetro doscientos veinte.

Mecánico ¿Qué coche es?

María Es un Citroen de color verde.

Mecánico ¿Qué matrícula es?

María Matricula 9771 BDF.

Mecánico El mecánico va ahora mismo con la grúa.

■ **13**

Hombre Dígame.

María Buenas tardes. Quiero alquilar un apartamento para ocho personas. ¿Tienen un apartamento grande y moderno?

Hombre ¿Para cuándo?

María Para el mes de agosto completo.

Hombre Pues sí, tenemos uno muy grande ¡y está nuevo! Tiene cuatro dormitorios, tres baños, cocina-comedor y gran salón. Está completamente equipado, tiene lavadora, frigorífico …

María ¿Tiene terraza?

Hombre Sí, tiene tres terrazas.

María ¿Hay ascensor?

Hombre Sí, hay dos ascensores en el edificio.

María ¿Tiene televisión con satélite?

Hombre Sí, tiene satélite, teléfono y conexión para Internet.

María Ah, estupendo. ¿Hay piscina?

Hombre Sí, ¡claro que hay piscinas! Hay tres piscinas para mayores y dos para niños. Jardines mediterráneos y zona de juegos para los niños.

María Oh, ¡fantástico! ¿Y dónde está el apartamento? ¿Está cerca de la playa o del pueblo?

Hombre Pues, está en el centro del pueblo, pero es muy tranquilo. Está enfrente del puerto deportivo y a cinco minutos de la playa a pie. Y también está a ocho kilómetros del parque de atracciones.

María Ah, ¡fenomenal! ¿Y cuánto cuesta todo el mes?

Hombre Pues, el mes de agosto completo son cinco mil quinientos euros.

■ 17

En el bar

Camarera ¿Qué va a tomar?

Toni Una cerveza, por favor.

Camarera ¿Algo más?

Toni ¿Tiene bocadillos?

Camarera No, pero tenemos raciones y tapas.

Toni Pues, una ración de calamares.

Camarera Aquí tiene.

Toni La cuenta, por favor.

Camarera Son diez euros.

En la tienda de ropa

Toni Quiero probarme la camiseta y estos pantalones.

Dependienta Sí, claro.

Toni ¿Dónde está el probador?

Dependienta Al final del pasillo a la izquierda … ¿Qué tal?

Toni Los pantalones son muy grandes.

Dependienta ¿Y la camiseta?

Toni Bien. Quiero la camiseta. ¿Cuánto cuesta?

Dependienta Son treinta euros. ¿Paga con tarjeta?

Toni No, con dinero.

En el banco

Toni ¿Dónde está el cajero automático, por favor?

Empleada Está allí, a la derecha.

Toni Perdone, no funciona.

Empleada Pues lo siento, hay otro, pero está lejos.

Toni Bueno, pues, quiero cambiar 100 libras en euros.

■ Vocabulario para la próxima lección

bailar, viajar, leer, cocinar, ver la televisión, ir al cine, hacer deporte, pasear, mirar escaparates, salir con amigos, pasarlo bien, no hacer nada

Lección 8 ¿Qué te gusta?

■ Prepárate a

1 la música **2** los deportes
3 el parque **4** el teatro
5 la televisión **6** las fiestas
7 el cine **8** la fruta
9 el chocolate **10** la cerveza
11 las hamburguesas

■ Prepárate b

1 e la música **2** b los deportes
3 i el parque **4** c el teatro
5 d la televisión **6** h las fiestas
7 g el cine **8** a la fruta
9 f el chocolate **10** j la cerveza
11 k las hamburguesas

■ 1

Me gusta la música, me gustan
las fiestas, no me gusta el
teatro, no me gustan los
deportes, me gusta el parque,
no me gusta la televisión, me
gusta el cine, me gusta la fruta,
no me gusta el chocolate, no
me gusta la cerveza, me gustan
las hamburguesas.

■ 3

María Teresa ¿Qué haces en
tu tiempo libre?
Rosa No tengo mucho tiempo
libre pero me gusta la música y
me gusta leer, me gustan las
novelas españolas.

María Teresa ¿Te gustan los
deportes?
Rosa No me gustan los
deportes; me gusta el ciclismo
pero en la ciudad hay mucho
tráfico.
María Teresa ¿Qué más te
gusta?
Rosa Me gusta estar con mi
familia. Me gusta salir al
parque con mis hijas. Me gusta
pasear.
María Teresa ¿Te gustan los
restaurantes?
Rosa Sí, mucho. Me gustan
los restaurantes, y me gusta el
teatro también. A veces mi
marido y yo vamos al teatro y
después cenamos en un
restaurante.
María ¿Te gusta el cine?
Rosa No mucho. Prefiero el
teatro.

■ 5

A: ¿Te gusta la televisión?
B: No mucho. Me gusta el
cine.
A: ¿Te gusta viajar?
B: Sí. Me gusta mucho viajar.

■ 8

Hoy vamos a hablar de Lydia
Bosch, una de las actrices
españolas más famosas.

Nacida en el mes de noviembre, Lydia es Sagitario y es de Barcelona. Su color favorito es el negro. Le gusta la ropa ancha, los pantalones cortos y las camisetas. Su comida favorita son los espaguetis, le encantan, y su bebida favorita es el agua, bebe muchísima agua. El deporte que le encanta es el esquí. Le gustan los perros y prefiere a los hombres inteligentes y con sentido del humor.

■ 13

1

Rosa Charo, por favor, ¿puedes decirme qué te gusta y no te gusta de tu ciudad?

Charo Pues, me gusta de mi ciudad que siempre está el sol en el cielo, que es una ciudad moderna, que tiene muchos cines y teatros y sitios para poder divertirte, pero no me gusta el tráfico, ni los humos, ni la contaminación.

2

Rosa Virginia, ¿qué te gusta y qué no te gusta de tu ciudad?

Virginia Me gusta el ambiente y la gente que hay, pero no me gustan los autobuses urbanos.

3

Rosa Luisa, ¿qué te gusta y qué no te gusta de tu ciudad?

Luisa Me gustan las pastelerías y los cines y no me gustan los bares con mucho ruido.

4

Rosa ¿Qué te gusta y qué no te gusta de tu ciudad, Yolanda?

Yolanda No me gustan los edificios y el tráfico y me gusta el parque grande.

■ 14

1 Ciudad de México

Vivo en Ciudad de México. Me gusta mucho porque es una ciudad muy interesante, pero lo malo es que es demasiado grande y viajar por la ciudad es difícil. El transporte no es muy bueno y hay muchísimo tráfico. Lo bueno de Ciudad de México es el ambiente y la gente, que es muy simpática. Hay muchas tiendas modernas y monumentos muy interesantes. El problema es que hay mucha contaminación. El teatro de

Bellas Artes es magnífico y el parque de la Alameda Central me encanta. El Museo Nacional de las Culturas es fantástico.

2 Barcelona

Vivo en Barcelona. Me encanta Barcelona porque está al lado del mar y me gusta la playa. Me gusta también la vida cosmopolita y las galerías de arte. Me encanta la ciudad antigua y los edificios del arquitecto Gaudí, como la Sagrada Familia. Los parques son muy bonitos, el Tibidabo y Monjuicht, desde allí las vistas al mar y a la ciudad son fantásticas. Pero hay mucha gente en Barcelona, hay demasiados turistas y yo prefiero una ciudad más tranquila. También hay mucha contaminación y es una ciudad muy cara.

3 Madrid

Vivo en Madrid. Es una ciudad moderna con muchas tiendas estupendas. Me gusta mucho la vida nocturna. Hay mucho ambiente en la ciudad. La gente es muy simpática. Es una capital muy bonita y aunque hay mucho tráfico, el transporte es bueno, el metro es muy rápido y cómodo, y tiene aire acondicionado en verano, lo que es muy importante porque en Madrid hace demasiado calor. No me gusta mucho el clima y la contaminación en verano, las temperaturas son muy altas. Lo malo es que está lejos del mar y me encanta el mar.

■ 16

María Jesús Los fines de semana salgo por ahí. Para mí, el fin de semana empieza el sábado por la tarde ya que el sábado por la mañana trabajo. Por la tarde nos reunimos todos los amigos en un bar y salimos por ahí, tomamos copas en los bares, vamos a la discoteca y después vamos a dormir a casa a las seis o las seis y media de la mañana. El domingo salimos por la mañana a tomar vermut y por las tardes también salimos de bares, a la discoteca o al cine.

■ 18

Los fines de semana María
Jesús sale por ahí. Para ella, el
fin de semana empieza el
sábado por la tarde ya que el
sábado por la mañana trabaja.
Por la tarde se reunen todos
los amigos en un bar y salen
por ahí, toman copas en los
bares, van a la discoteca y
después van a dormir a casa a
las seis o las seis y media de la
mañana. El domingo salen por
la mañana a tomar vermut y
por las tardes también salen de
bares, a la discoteca o al cine.

■ 19

María Pues, casi siempre nos
levantamos a la misma hora y
desayunamos juntas. Pero yo
salgo de casa a las ocho y Ana
media hora más tarde, a las
ocho y media o así. Yo voy a
trabajar a mi oficina y Ana va
al instituto. No comemos
juntas a mediodía. Yo como en
un restaurante y Ana vuelve a
casa a comer. Pero después del
trabajo salimos juntas. Vamos a
tomar algo o al cine ya que
tenemos los mismos amigos y
nos gusta ir a los mismos
sitios. Siempre cenamos en
casa las dos con toda la familia.

■ Vocabulario en casa

la gimnasia; correr, jogging; el
ciclismo; el montañismo; el
atletismo; el esquí; la natación;
el tenis; el buceo; el
baloncesto; el fútbol; el kárate

■ Vocabulario para la próxima lección

enamorado, enamorada;
enfadado, enfadada; triste;
preocupado, preocupada;
contento, contenta; bien;
regular; mal; enfermo,
enferma; estar resfriado,
resfriada

Lección 9 ¿Quieres salir?

■ Prepárate

1 enfadado
2 cansado
3 triste
4 resfriado
5 preocupada
6 enferma

■ 1

Luisa Dígame.
Tomás Hola, Luisa. Soy
Tomás.
Luisa Hola, Tomás. ¿Qué tal
estás?
Tomás Estoy muy bien.
¿Quieres venir al cine esta
tarde?

Luisa Pues, lo siento, pero mi madre está enferma.

Tomás ¿Está enferma? ¿Qué es lo que tiene?

Luisa Está resfriada y tiene mucha fiebre.

Tomás Entonces, ¿no puedes venir esta tarde?

Luisa No, y además estoy muy cansada. Si quieres, podemos ir el domingo.

Tomás Entonces, te llamo entonces el domingo.

■ 2

1 Estoy triste porque mi madre está enferma.

2 Estoy enfadado porque mi novia sale con mi amigo.

3 Estoy cansado porque salgo por la noche.

4 Estoy enfermo porque estoy resfriado.

5 Estoy preocupada porque tengo mucho trabajo.

■ 3

Invitar: ¿Quieres ir al cine conmigo? ¿Te gustaría ir al cine conmigo? ¿Puedes ir al cine conmigo?

Aceptar: Sí, vale. De acuerdo. Sí, me gustaría. ¡Estupendo! ¡Claro!

Negar: No, lo siento. No puedo. No es posible. No, gracias.

Excusas: Estoy cansado. / Estoy cansada. Estoy ocupado. / Estoy ocupada. Tengo que estudiar. Mi madre está enferma. No me apetece. No me gusta el cine. No quiero ir al cine.

■ 4

1

Chica ¿Quieres ir al fútbol conmigo?

Chico No gracias.

Chica ¿Por qué no?

Chico Porque no me gusta el fútbol. Además estoy muy ocupado, tengo mucho trabajo.

2

Chica ¿Te gustaría venir a cenar al restaurante Pepe con nosotros?

Chico Sí, ¡estupendo! ¿A qué hora?

Chica ¿Puedes a las siete?

Chico A las siete no es posible, mejor a las ocho porque salgo de clase a las siete y media y el restaurante Pepe está muy lejos.

3

Chica ¿Quieres ir a la piscina esta tarde?

Chico Pues, me gustaría, pero no puedo, tengo que estudiar y además, no estoy bien, creo que estoy enfermo.

4

Chica ¿Te gustaría ir a la discoteca conmigo?

Chico Pues, no me apetece bailar, estoy muy cansado, prefiero ir al cine o al teatro.

■ 7

Estimada Señora:

Le escribo porque estoy desesperado.

Mi novia me abandonó. Prefiere a mi amigo, y yo estoy enamorado terriblemente de ella. ¿Por qué? No lo comprendo. Yo soy inteligente y serio, pero también soy tímido y no soy atractivo. Soy un poco gordo y bajo, pero soy muy simpático. Mi amigo es alto y delgado, es rubio, es rico; pero está loco y siempre está enfadado. Su carácter es terrible.

No sé qué hacer. Mi corazón está roto y estoy solo. ¿Qué puedo hacer? Agradeciendo su atención, le saluda atentamente.

Corazón roto

■ 9

Estimado Corazón Roto:

Esa señorita que usted llama su novia no es buena para usted. Es egoísta y caprichosa. Hoy prefiere a su amigo, ayer a usted, y mañana … ¿quién sabe? Usted es atractivo, querido amigo, porque es sincero. El físico no es importante, lo importante es la personalidad y el carácter … y su carácter es agradable, ¿verdad? Su amigo, amigo mío, no es un amigo, es otro egoísta que ha destruido su relación.

Su amigo es rico, pero el dinero no da la felicidad … Corazón Roto, tiene que salir con otras señoritas. Tiene que encontrar otros amigos. Tiene que tomar vacaciones y olvidar a su novia a orillas del mar. Pero también tiene que comer menos, hacer más deporte y jugar a la lotería para ser como su amigo: ¡guapo y rico!

■ 12

1 A: ¿Quieres venir al cine esta noche?

 B: No puedo. Voy a cenar en el restaurante con mi familia.

2 A: ¿Quieres venir a la piscina esta tarde?

  B: No puedo. Voy a estudiar.

3 A: ¿Quieres jugar al tenis el sábado?

  B: No puedo. Voy a visitar a mis abuelos.

4 A: Bueno. Y ¿qué vas a hacer el domingo por la tarde?

  B: Voy a salir con mi novio.

■ 13

María Hola, Alfonso. ¿Quieres venir al cine esta tarde?

Alfonso Pues, esta tarde no puedo, tengo clase de inglés.

María Y mañana, ¿quieres venir a la discoteca?

Alfonso Pues, lo siento, pero mañana voy a estudiar. Tengo un examen.

María ¿Quieres ir a la piscina el sábado?

Alfonso No puedo, el sábado voy a ir a casa de mis amigos Carlos y Ana para el fin de semana.

María ¿Y el viernes? ¿Quieres ir a una fiesta? Es el cumpleaños de mi amiga Carmen.

Alfonso Sí, el viernes estoy libre.

■ 16

Cliente ¿Hay entradas para la sesión de las siete, por favor?

Empleado No. No hay, pero hay entradas para la sesión de las nueve.

Cliente Bueno. Deme dos para las nueve. ¿Son numeradas?

Empleado Sí, son numeradas.

Cliente Bueno, quiero una fila de atrás.

Empleado Muy bien, aquí tiene. Dos entradas para la sesión de las nueve.

Cliente ¿Cuánto es?

Empleado Dieciocho euros.

Cliente Aquí tiene. Gracias.

■ 18

a una película del oeste

b una película romántica

c una película cómica

d una película policíaca

e una película de ciencia ficción

f una película de dibujos animados

g una película de terror

h una película de aventuras

■ 19

1 Es una historia de amor muy triste. Están enamorados pero no pueden estar juntos.

2 Está muy bien, pero da mucho miedo.

3 No me gustó, era demasiado complicada, y como cogen al asesino demasiado pronto, pierde interés.

4 No sé, todas estas películas de viajes espaciales son iguales.

5 Es divertidísima, me reí muchísimo.

■ 20

1 Javier ¿Quieres venir al cine? Te invito.
María Sí, vale. ¿Hay alguna película interesante?

2 Javier Sí, ponen una película de terror muy buena. Se llama *Vampiros*.
María ¡Oh no! No me apetece. No me gustan las películas de terror. Tengo miedo.

3 María Mira. Echan *Viaje al espacio*.
Javier Ah, la vi ayer.

4 María Mira, echan *El amante*.
Javier ¡Uf! ¡Qué aburrida! No me gustan las películas románticas.

5 María ¡Ah! Aquí hay una. *Perdidas en la selva*.

Javier ¡Estupendo! Hace mucho que la quiero ver. Dicen que es muy buena.

6 María ¿A qué sesión vamos, a la de las nueve o a la de las once?
Javier A las once es muy tarde, mejor a las nueve.

7 María Bueno. ¿Dónde quedamos?
Javier Voy a sacar las entradas antes. ¿Quedamos en la puerta del cine a las nueve menos cuarto?
María Vale.

■ 23

La película trata de un chico que se llama César; es joven, guapo y muy rico. Va a muchas fiestas y a discotecas. Tiene mucho éxito con las chicas. En una fiesta César conoce a Sofía y se enamoran. Pero hay otra chica que está enamorada de César también. Un día esta chica lleva a César en su coche a casa después de una fiesta. En el coche César le dice que no la quiere. La chica está desesperada y choca el coche contra un muro. La chica muere y César sufre heridas terribles en la cara. Desde entonces tiene que llevar una máscara en la cara y no quiere salir de casa. Tiene muchos problemas psicológicos pero los médicos le dicen que no tiene solución. César va a una clínica muy moderna y tiene una operación; su cara queda perfecta, como antes. El misterio es que no sabemos si es un sueño o es la realidad porque César sigue con la máscara. Es muy complicado.

■ Vocabulario en casa

una película, un programa de entrevistas, un programa de música pop, las noticias, un documental de animales, un concurso, un programa de variedades, una telenovela, un programa infantil, una serie de comedia

■ Vocabulario para la próxima lección

el coche, el autobús, el tren, el avión, el autocar, la motocicleta (la moto), el metro, la bicicleta, el barco
ir en coche/en avión/en bicicleta
ir a pie/a caballo

Lección 10
¿Adónde vamos?

■ Prepárate

1 segunda clase
2 un billete de ida
3 un billete de ida y vuelta
4 ¿A qué hora sale?
5 ¿A qué hora llega?
6 primera clase

■ 1

1

A: Hola. Cuatro billetes a Sevilla en el AVE, por favor. ¿A qué hora sale?
B: Hay uno a las diez de la mañana y otro a las tres de la tarde.
A: Pues para el de las tres. Queremos segunda clase de ida y vuelta.
B: De acuerdo.

2

A: Buenos días. Un billete de segunda clase de ida y vuelta para Madrid. ¿A qué hora sale?
B: Sale a las dos y cuarto.

3

A: Hola; me da un billete para Bilbao, de ida y vuelta.
B: ¿Cuándo quiere volver?
A: Mañana por la tarde. ¿A qué hora sale el tren?

B: Ahora; a las tres. ¿Quiere clase turista o preferente?

A: Turista.

B: Aquí tiene.

A: Gracias.

4

A: Buenas tardes. ¿A qué hora sale el tren para Barcelona?

B: Hay uno a las cinco y media.

A: Bueno, quiero dos billetes de ida para Barcelona, en primera clase.

5

A: Deme un billete de ida para Salamanca, por favor.

B: ¿Para el tren de las once y media?

A: Sí. ¿Cuánto es la clase preferente?

B: Son cuarenta euros.

A: Bueno, pues en clase preferente.

■ **3**

María Quiero un billete de ida y vuelta para Sevilla, por favor, para mañana a mediodía.

Empleado ¿En el Talgo?

María ¿Es el más rápido?

Empleado No, el AVE es más rápido, pero sale más temprano.

María Bueno, pues en el AVE. ¿A qué hora sale?

Empleado A las once.

María Y ¿a qué hora llega?

Empleado A la una.

María De acuerdo.

Empleado ¿De segunda clase?

María Sí. ¿Puedo reservar la vuelta?

Empleado Sí. ¿Qué día vuelve?

María El día veinte por la tarde.

Empleado De acuerdo. Son ciento diez euros. Aquí tiene el billete.

María Gracias.

Empleado A usted.

■ **8**

1 Talgo con destino a Madrid Chamartín estacionado en vía tres va a efectuar su salida dentro de breves momentos.

2 El AVE con destino a Sevilla efectuará su salida dentro de cinco minutos por vía cinco.

3 Tren Intercity con destino a Zaragoza estacionado en vía dos saldrá con media hora de retraso.

■ 11

1

Cliente Por favor, a la calle Doctor Cerrada.

Empleado Muy bien. ¿A qué número de la calle va?

Cliente Al doscientos quince.

Empleado Entonces está al final de la calle.

Cliente Sí, eso es, al final de la calle … ¿Cuánto es?

Empleado Son diez euros.

2

Cliente Por favor, ¿tengo que cambiar de línea para ir a la estación Ópera?

Empleada Sí, primero tiene que ir hasta Bilbao y cambiar a la línea azul, hacia el sur. Después tiene que ir hasta Gran Vía. Allí tiene que tomar la línea verde y desde allí son sólo dos paradas hasta Ópera.

Cliente Muchas gracias. Pues un billete, por favor. ¿Puede darme el plano?

Empleada Sí, aquí tiene.

Cliente ¿Cuánto es?

Empleada El plano es gratis. El billete, dos euros.

3

Cliente ¿Cuánto es la tarjeta de viajes, por favor?

Empleada Vale veinte euros, pero también tiene un "bono" de diez euros.

Cliente ¿Para cuántos viajes. vale?

Empleada Para diez viajes.

Cliente Pues deme un bono. ¿Qué línea tengo que tomar para ir al Barrio Oliver?

Empleada La línea veintidós.

Cliente ¿Dónde está la parada?

Empleada Está aquí mismo, en la plaza. Allí, enfrente. ¿Puede ver la fila?

Cliente Sí, ¡Hay mucha gente!

■ 12

Tessa Hola, el viernes iré a Málaga. ¿Puedo quedarme en tu casa?

Alberto Pues, no tengo sitio en casa; pero hay muchos hoteles.

Tessa No tengo dinero para un hotel.

Alberto Bueno. Puedes quedarte en mi casa.

Tessa Vale. Llegaré a las once. ¿Irás al aeropuerto a buscarme?

Alberto Pues, estoy muy ocupado; pero hay muchos taxis.

Tessa No tengo dinero para un taxi.

Alberto Bueno, vale. Iré al aeropuerto.

Tessa Hasta el sábado.

Alberto Hasta el sábado. Oye, ¿cuántos días estarás aquí.

Tessa Pues ... un mes o dos. No sé.

Alberto ¡Oh, no!

■ 16

Iré a Formigal de vacaciones con un grupo de amigos. Pasaremos varios días allí, en la nieve. Esquiaremos, bueno, yo no esquiaré mucho porque no sé esquiar muy bien. Mientras ellos esquían, yo tomaré el sol en la terraza del hotel o de algún bar y haré fotos, o leeré. Iré en tren porque para mí es más cómodo y el viaje es más bonito y tranquilo que en el autocar, aunque el autocar es más barato. Estaré en un hotel muy bonito. Es un poco caro pero la comida es excelente así que prefiero comer en el hotel.

■ 18

a me levantaré
b desayunaré
c saldré de casa
d tomaré el autobús
e trabajaré
f comeré en un restaurante

g terminaré mi trabajo
h llegaré a casa
i cenaré
j veré la televisión
k me acostaré

■ 22

Luis Yo prefiero tomar el sol y no hacer nada. Iré a la playa.

Pilar A mí me gusta el aire puro y me gusta caminar; haré camping en las montañas.

Juan A mí me encanta ir a una gran ciudad. Iré de compras y bailaré en las discotecas.

Ana A mí me interesa ver edificios antiguos. Visitaré unos monumentos.

■ Vocabulario en casa

mapas, planos de ciudades, horarios de trenes, cruceros, excursiones, folletos, precios, seguros, guía de espectáculos, visitas guiadas

■ Vocabulario para la próxima lección

Las estaciones

la primavera, el verano, el otoño, el invierno

El tiempo

el sol, la nube, la nieve, el cielo, la lluvia, el viento, la niebla, la tormenta

Lección 11
¿Qué tiempo hace?
■ Prepárate
a [*sound of rain*] Llueve.
b [*sound of thunder and lightning*] Hay tormenta.
c Brrrr, hace frío.
d ¡Oooh! Hace calor.
e ¡Ah! Hace sol.
f [*sound of wind*] Hace viento.
g Hay niebla.
h [*sound of snowy footsteps*] Nieva.

■ 1
Juan Dígame.
Rosa ¿Está Juan?
Juan Sí, soy yo. ¿Quién es?
Rosa Soy Rosa.
Juan ¡Hola Rosa! ¿Qué tal?
Rosa Muy bien. ¡Estupendo! ¿Y tú? ¿Qué haces?
Juan Pues, regular. Tengo mucho trabajo y hace mal tiempo. Mira, en este momento estoy trabajando y …
Rosa ¡Qué pena! Aquí hace calor y mucho sol. Hace muy buen tiempo.
Juan ¡Qué suerte! Aquí llueve todos los días y hace frío. Está lloviendo ahora mismo. Y ¿qué haces?
Rosa Pues, voy a la playa todos los días. Esto es fantástico. Ahora estoy tomando el sol y después voy a cenar a un restaurante con unos amigos.

■ 2
Hace buen tiempo. El tiempo es bueno.
Hace mal tiempo. El tiempo es malo.
1 Hace sol.
2 Hace calor.
3 Hace viento.
4 Hace frío.
5 Llueve.
6 Nieva.
7 Hay niebla.
8 Hay tormenta.
9 Está nublado, está cubierto.

■ 3
A: ¡Hola! ¿Dónde estás?
B: Estoy en Madrid.
A: ¿Qué tiempo hace?
B: Hace mal tiempo.
A: ¡Qué pena!
B: ¿Y qué tiempo hace en Barcelona?
A: Hace sol.
B: ¡Qué suerte!

■ 6
El clima de Aragón es muy variable y extremo. Cambia mucho de verano a invierno y

a veces es muy duro, especialmente para los agricultores. También varía mucho de unas partes a otras de la región. Por ejemplo, no es lo mismo el clima de montaña, de los Pirineos, que el clima continental y extremo de la llanura, del centro. En primavera el tiempo suele ser agradable y la temperatura es buena, aunque un día hace calor, otro día frío o llueve, pero poco, porque en esta región llueve my poco. Varía mucho y suele hacer mucho viento. En verano hace muchísmo calor, en las montañas hace más fresco, pero en el centro mucho sol y calor.

En otoño también varía mucho como en la primavera y siempre hace viento. También en invierno hace viento. El viento es una característica de la zona. También hace frío, a veces mucho frío, pero hace sol casi siempre y en las montañas nieva, así que se puede esquiar.

■ 8

1 Toda la Península queda inmersa en una zona anticiclónica, lo que nos garantiza un tiempo agradable, estable, con mucho sol y noches frías. Algo nuboso en el este; el sureste con riesgo de lluvias especialmente en Murcia y alguna tormenta en Andalucía oriental. Habrá también algunas nubes en el oeste y nieblas pero, como ya hemos dicho, mucho sol, especialmente en el norte, los Pirineos y la zona central.

2 Temperaturas para hoy:
La Coruña, mínima de siete y máxima de doce.
Bilbao: siete y trece.
Zaragoza: tres y diez.
Barcelona: ocho y quince.
Valencia: nueve y catorce.
Murcia: nueve y catorce.
Sevilla: cinco y diecisiete.
Madrid: mínima de uno bajo cero y máxima de doce.

■ 10

a Tengo frío.
b Tengo sueño.
c Tengo sed.
d Tengo calor.
e Tengo miedo.
f Tengo hambre.

■ 11

1

Chico 1 ¿Quieres beber algo?
Chica 1 Sí, gracias, tengo mucha sed.

2

Chica 2 ¿Quieres salir a la terraza?
Chico 2 Sí, por favor, tengo mucho calor.

3

Hombre 3 ¿Quieres salir a la terraza?
Chica 3 No, tengo mucho miedo.

4

Chico 4 ¿Quieres entrar en casa?
Chica 4 Sí, por favor, tengo mucho frío.

5

Chico 5 ¿Quieres comer algo?
Chica 5 No, gracias, no tengo hambre.

6

Chico 6 ¿Quieres bailar?
Chica 6 No, no tengo ganas.

■ 12

Ana Dígame.
María ¿Está Ana?
Ana Sí, soy yo. ¿Quién es?
María Soy María.

■ 14

1

Isabel Dígame.
Pedro Hola, Isabel. Soy Pedro. ¿Qué tal?
Isabel Pues, regular. Estoy bastante resfriada. ¿Y tú?
Pedro Bien, trabajando mucho, ahora hay mucho trábajo en la oficina.
Isabel ¿Cuándo tienes las vacaciones este año?
Pedro Pronto. El mes que viene.
Isabel ¿Y adónde irás?
Pedro A la playa, al Mediterráneo, como siempre.

2

Rosa Dígame.
Carmen ¿Está Rosa?
Rosa Sí, soy yo, ¿quién es?
Carmen Soy Carmen.
Rosa Ah, ¿qué tal, Carmen?
Carmen Bien, gracias. Oye, ¿queréis venir a comer a casa el domingo a mediodía? Es el cumpleaños de Elisa.
Rosa Sí, claro. ¿A qué hora vamos?
Carmen Sobre la una, ¿vale?
Rosa Sí, sí, muy bien. ¿Qué tal vas con la casa?
Carmen Pues, ahora estamos pintando la cocina, hay mucho

trabajo pero está quedando muy bien. Ya la verás el domingo.

Rosa Vale, pues, hasta el domingo.

3

Begoña Dígame.

Rosa Hola, Begoña, soy Rosa.

Begoña ¡Qué sorpresa! ¿Qué haces?

Rosa Mira, te llamo desde una cabina … desde la playa. Estamos muy bien, hace un tiempo muy bueno, mucho calor. ¿Qué tal está todo? ¿Está bien la casa?

Begoña Sí, todos los días paso a ver si está todo bien.

Rosa Y tú, ¿qué tal?

Begoña Bien, pero todos los amigos están de vacaciones y me aburro un poco.

Rosa Bueno, que se va a cortar y no tengo más monedas. Un abrazo.

Begoña Adiós.

Rosa Adiós. Hasta pronto.

■ 16

1 A: ¿Está Juan?

   B: No está.

   A: Soy Luis. Llamaré más tarde.

2 A: ¿Está Juan?

B: Un momento. Ahora se pone.

A: Gracias.

3 A: ¿Puedo hablar con María, por favor?

   B: Sí, soy yo.

   A: Hola, soy Pedro.

4 A: ¿Está el señor Pérez?

   B: No es aquí.

   A: Perdone.

■ 17

Isabel ¿Prefieres el teléfono o el correo electrónico?

Pedro Depende. Para mandar información, el email es muy conveniente, pero no puedes tener una conversación directa y tienes que escribir … No me gusta escribir.

Isabel Sí, el teléfono es mejor, más directo, ¿verdad?

Pedro Sí, claro, y más rápido. Pero es caro si llamas a otro país.

Isabel A mí me gusta escribir cartas a los amigos que viven lejos. Es más personal.

Pedro Sí, pero las cartas llegan más tarde.

Isabel Sí, es verdad, pero me gusta mandar y recibir cartas.

Pedro Yo mando muchos mensajes con el móvil. Es

rápido y barato.

Isabel Sí, pero para mensajes largos no es muy bueno.

Pedro No, claro. Es bueno sólo para mensajes cortos. ¿Usas Internet o fax?

Isabel El fax lo uso bastante en la oficina para mandar copias de documentos o dibujos a los clientes. Es muy útil, pero usa mucho papel. Uso mucho Internet para buscar información; es muy interesante.

Pedro Sí, y también puedes chatear por Internet. Es muy divertido y puedes comunicarte con muchas personas a la vez.

Isabel Sí, pero no tengo tiempo.

■ 19

1

Virginia ¿Está Javier?

Yolanda Sí, pero está duchandose. ¿Puedes llamar más tarde?

2

Virginia ¿Está Javier?

Yolanda Sí, pero está cenando. ¿Puedes llamar luego?

3

Virginia ¿Está Javier?

Yolanda Sí, pero está durmiendo. ¿Te puede llamar más tarde?

4

Virginia ¿Está Javier?

Yolanda No. Está trabajando.

Virginia Bueno, llamaré más tarde.

5

Virginia ¿Está Javier?

Yolanda No. Está lavando el coche.

Virginia Bueno, llamaré luego.

■ 20

Rosa Javier, ¿qué haces?

Javier Estoy estudiando. Tengo un exámen mañana.

Rosa ¿De qué es el examen?

Javier De física.

Rosa ¿Qué carrera estás estudiando?

Javier Estudio quinto curso de Geológicas.

Rosa ¿Es muy difícil?

Javier Sí, es muy difícil.

Rosa Pero, ¿te gusta?

Javier Sí, me gusta mucho.

■ 24

1 Directora Lorenzo, tiene que preparar la presentación del proyecto.

Lorenzo Sí, la estoy preparando ahora.

2 **Directora** Lorenzo, ¿puede mandar un email al director de personal?

Lorenzo Sí, lo estoy mandando ahora.

3 **Directora** Lorenzo, tiene que terminar este informe inmediatamente.

Lorenzo Sí, lo estoy terminando ahora.

4 **Directora** Lorenzo, ¿puede escribir esta carta?

Lorenzo Sí, la estoy escribiendo ahora.

5 **Directora** Lorenzo, tiene que buscar el contrato con la empresa CESA.

Lorenzo Sí, lo estoy buscando ahora.

6 **Directora** Lorenzo, ¿puede llamar a la secretaria del señor Prada?

Lorenzo Sí, la estoy llamando ahora.

7 **Directora** Lorenzo, ¿puede reservar habitación en el hotel Madrid?

Lorenzo Sí, la estoy reservando ahora.

8 **Directora** Lorenzo, tiene que organizar la reunión del lunes.

Lorenzo Sí, la estoy organizando ahora.

9 **Directora** Lorenzo, ¿puede hacer un café?

Lorenzo Sí, lo estoy haciendo ahora.

■ Vocabulario en casa

el disquete, el disco duro, el monitor, el ratón, el teclado, el joy-stick / la palanca, el CD-ROM, la consola, el disco compacto, la pantalla, la impresora, el módem, la memoria USB

■ Vocabulario para la próxima lección

nacer, crecer, ir a la escuela, hacer una carrera universitara, conocer a alguien, enamorarse, casarse, tener hijos, separase, divorciarse, cambiarse de casa, jubilarse, morir

Lección 12 ¿Qué hiciste?

■ Prepárate a

1 Salí por la noche.
2 Cené en un restaurante.
3 Fui al teatro.
4 Fui a una discoteca.
5 Bailé.
6 Bebí demasiado.

■ Prepárate b

1 a Salí por la noche.

2 e Cené en un restaurante.
3 d Fui al teatro.
4 b Fui a una discoteca.
5 c Bailé.
6 f Bebí demasiado.

■ 1

Ana Hola, Juan.
Juan Hola, Ana. ¿Qué tal?
Ana Bien. ¿Qué vas a hacer esta tarde? ¿Quieres venir al cine?
Juan Pues, no sé. No me apetece salir. Voy a ir a casa.
Ana ¡Qué raro! ¿Qué te pasa?
Juan Pues, ayer salí por la noche y estoy muy cansado.
Ana ¿Dónde fuiste?
Juan Primero fui al teatro, después cené en un restaurante y luego fui a una discoteca, creo que bailé y bebí demasiado.
Ana Pues, tengo dos entradas para el cine. ¿No quieres ir?
Juan No, de verdad. Estoy muy cansado.
Ana Bueno. Llamaré a Luis.

■ 2

A: Juan, ¿qué hiciste anoche?
B: Fui a ver a mi amigo.
A: ¿Saliste con él?
B: Sí. Fui al cine con él.
A: ¿Qué película viste?
B: Una policíaca. No me

acuerdo del título.
A: ¿Hiciste algo después?
B: Sí. Cené con mi amigo y después yo fui a la discoteca.
A: ¿Y tu amigo?
B: Él fue a casa después de cenar.

■ 3

1 me levanté
2 me duché
3 desayuné
4 salí de casa
5 tomé el autobús
6 llegué a mi trabajo
7 trabajé
8 comí a mediodía
9 terminé mi trabajo
10 volví a casa
11 vi la tele
12 leí el periódico
13 cené
14 me acosté

■ 5

María Ayer me levanté a las siete y desayuné en un bar con mi amiga Pili. Después trabajé en la oficina toda la mañana y fui a comer un sandwich a un bar con mi amiga. Luego fui a comprar una revista en un quiosco. Volví a la oficina y vi un pastel de cumpleaños en la mesa y una botella de champán.

Todos mis compañeros cantaron "Cumpleaños feliz". Fue muy emocionante. Por la tarde visité a mis padres y después cené con unos amigos en un restaurante. Pasé un día muy agradable.

■ 7

¿Qué hiciste … ?
la semana pasada
el mes pasado
el año pasado
ayer
anoche
antes de ayer, anteayer
hace dos semanas

■ 9

1

Rosa Javier, ¿qué hiciste ayer?
Javier Ayer me levanté pronto para estudiar. Después fui a la universidad y volví a casa a las dos. Y después de comer, por la tarde, fui a jugar al baloncesto.

2

Pedro Ayer no trabajé y por eso me levanté tarde, a eso de las nueve. Desayuné y a las once fui a comprar. Me compré unos pantalones vaqueros y una camisa. A la una tomé un aperitivo con unos amigos y fui a comer.

Comí a las tres y por la tarde fui al gimnasio a hacer un poco de ejercicio. Cené a las diez y me acosté después de ver un poco la televisión.

3

María Teresa Ayer llegué temprano a mi oficina donde trabajo como arquitecta. Hacia las nueve comencé a diseñar un proyecto que presentamos a las once de la mañana para unos clientes. Fui a almorzar a la casa. A las tres volví a la oficina a mirar algunas obras que teníamos pendientes. En la noche comí en casa y salimos a un cine con mi novio.

■ 12

Rosa ¿Qué hiciste en las vacaciones el año pasado, Javier?
A (Javier) El año pasado estuve en la montaña. Estuve un mes en nuestra casa con mi familia. En el pueblo me encontré a mis amigos con los que me fui de excursión, eh … fui con ellos a pasear, a hablar y por las noches nos íbamos al bar y … lo pasé muy bien.
B (Señora Yuste) En mis vacaciones fui en avión al extranjero, a Inglaterra. estuve

seis semanas en septiembre, estuve en casa de unos amigos. Fui al teatro, a ver museos y también hice muchas excursiones.

C (María Teresa) En mis vacaciones fui en barco a la playa, a Mallorca. Estuve por tres semanas en agosto. Nos alojamos en un hotel. Nadamos, hicimos excursiones, paseos. Tomé el sol y monté en bicicleta.

D (José) Las vacaciones pasadas las pasé en un pueblo pequeño donde tengo amigos. Estuve dos semanas en julio y estuve de camping. Fui mucho en bicicleta y nadé en la piscina del pueblo.

■ 18

Nací en mil novecientos cincuenta y cuatro en Zaragoza donde pasé mi infancia y juventud. En mil novecientos setenta y dos fui a la universidad. Terminé mis estudios en mil novecientos setenta y seis y en mil novecientos setenta y siete me casé.

Ese mismo año fui a París a estudiar francés en la universidad de la Sorbona durante un año y después fui a Londres. Estuve dos años en Londres, donde trabajé como profesora de español, desde mil novecientos setenta y ocho a mil novecientos ochenta. En mil novecientos ochenta volví a España, a Barcelona, y allí viví durante cuatro años trabajando también como profesora en un instituto. En mil novecientos ochenta y tres tuve a mi primera hija.

■ 21

1 Luis Buñuel nació en Aragón, España, en 1900. En 1929 hizo su primera película con Dalí en Francia. En 1947 vivió en Estados Unidos y fue a México. Hizo muchas películas. Murió en México en 1983.

2 Isabel Allende nació en Lima, Perú, de una familia chilena diplomática, en 1942. En 1973 tuvo lugar el golpe militar en Chile y abandonó Chile. En 1982 escribió su primera novela *La casa de los espíritus*. Volvió a Chile después de la dictadura, en 1988.

3 Evita nació en Buenos Aires en 1919. En 1944 era actriz de radionovelas y conoció al político Juan Perón. Se casó con él en 1945. Murió muy joven en Buenos Aires en 1952.

4 Celia Cruz nació en La Habana, Cuba, en 1925 y en 1950 empezó a cantar con la Orquesta Matancera. En 1959 fue a México con la Orquesta Matancera y en 1961 se casó con el trompeta Pedro Knight y vivió en Estados Unidos. Se llamó la Reina de la Salsa.

■ 23

En 1881 nació en Málaga, España.

En 1895 estudió en la Escuela de Bellas Artes en Barcelona.

En 1907 pintó un cuadro muy importante, *Las señoritas de Avignon*.

En 1918 se casó con Olga Kokhlova, una bailarina rusa y en 1921 nació su primer hijo, Paul. También tuvo una exposición en Londres.

En 1925 se alió con el movimiento surrealista.

En 1936 fue nombrado director del Museo del Prado en Madrid.

En 1937 denunció el franquismo y pintó su cuadro más famoso, *Guernica*.

En 1950 recibió el premio Lenin de la paz.

En 1955 murió su mujer, Olga. Compró una mansión enorme en Cannes.

En 1961 se casó con Jacqueline Roque y cumplió 80 años.

En 1963 se inauguró el museo que lleva su nombre en Barcelona.

En 1973 murió en su casa, Notre-Dame-de-Vie, en Francia.

■ Vocabulario para la próxima lección

Los síntomas

(el) dolor de cabeza, (el) dolor de garganta, (la) fiebre, (el) dolor de estómago, (la) tos, (la) diarrea

Las enfermedades

la gripe, el catarro, una infección, un virus, una intoxicación, una insolación

Los remedios

una inyección, unas pastillas, una pomada, un jarabe

Lección 13 ¿Qué te pasa?

■ Prepárate

a la cabeza
b los ojos
c la nariz
d la boca
e las muelas
f el cuello
g la garganta
h el hombro
i la espalda
j el brazo
k la mano
l los dedos de la mano
m el estómago
n la rodilla
o el tobillo
p la pierna
q el pie
r los dedos del pie

■ 1

1 ¿Qué le pasa?
Me duele el estómago.
2 ¿Qué le pasa?
Me duele el hombro.
3 ¿Qué le pasa?
Me duelen las muelas.
4 ¿Qué le pasa?
Me duele la cabeza.
5 ¿Qué le pasa?
Me duelen los ojos.
6 ¿Qué le pasa?
Me duele la espalda.

7 ¿Qué le pasa?
Me duele la garganta.
8 ¿Qué le pasa?
Me duelen los dedos.

■ 3

Médico ¿Qué le pasa?
Ana Pues, no sé. He tenido un catarro muy fuerte y ahora me duele la cabeza y el oído.
Médico Vamos a ver …
Parece que tiene un poco de infección. ¿Ha tenido mareos?
Ana No. Pero me encuentro muy mal.
Médico ¿Es usted alérgica a los antibióticos?
Ana No.
Médico Bueno, pues le voy a recetar estas pastillas. Tiene que tomar una después de cada comida.
Ana De acuerdo.

■ 5

A: ¿Qué le pasa?
B: Tengo dolor de garganta.
A: Tiene una infección. Tiene que tomar unas pastillas.

■ 7

1 A: Me duele la cabeza.
  B: ¿Por qué no tomas una aspirina ahora mismo?
2 A: Tengo fiebre. Me encuentro mal.

B: Tienes que ir a la cama inmediatamente.

3 A: Me duele la muela.

B: Debes ir al dentista pronto.

4 A: Tengo dolor de estómago y no puedo comer.

B: Hay que ir al médico en seguida.

■ 8

1 A: ¿Qué te pasa?

B: No sé, me duele la cabeza.

A: Debes tomar esto y acostarte pronto.

2 A: ¿Qué te pasa?

B: No sé, me duele todo.

A: Tienes mucha fiebre. Tienes que quedarte en la cama. Llamaré al médico ahora mismo.

3 A: ¿Qué te pasa?

B: Me duele la muela.

A: ¿Por qué no vas al dentista en seguida?

4 A: ¿Qué te pasa?

B: Mi hermano ha tenido un accidente.

A: Hay que llamar a una ambulancia inmediatamente.

■ 10

Médico ¿Es la primera vez que vienes a la consulta, ¿verdad?

Yolanda Sí.

Médico ¿Puedes contestar a unas preguntas? Tengo que hacerte una ficha.

Yolanda Sí, sí, claro.

Médico Vamos a ver. ¿Has tenido alguna enfermedad de importancia de pequeña?

Yolanda No. Bueno, tuve las normales. Tuve la varicela, catarros, nada importante.

Médico ¿Y de mayor?

Yolanda No, ninguna; bueno, he tenido algunos problemas con la vista. Me duelen los ojos a menudo.

Médico ¿Operaciones? ¿Te han operado de algo?

Yolanda Sí, de apendicitis.

Médico Y tus padres, ¿han tenido alguna enfermedad grave? ¿Están sanos?

Yolanda Sí, están sanos, pero a mi madre a veces le duele la espalda.

Médico ¿Vacunas? ¿Estás vacunada de todo?

Yolanda Sí.

Médico ¿Fumas?

Yolanda No.

Médico No fumas. ¿Haces deporte?

Yolanda Sí. Juego al tenis y

nado también.

Médico ¿Comes bien?
¿Tienes una dieta sana?

Yolanda Sí. Como mucha fruta y verdura.

■ 11

1 A: ¿Qué te ha pasado?
  B: Me he quemado con la plancha.

2 A: ¿Qué te ha pasado?
  B: Me he cortado con un cuchillo.

3 A: ¿Qué te ha pasado?
  B: Me he dado un golpe en la cabeza.

4 A: ¿Qué te ha pasado?
  B: Me he roto el brazo y no puedo escribir.

5 A: ¿Qué te ha pasado?
  B: Me escuece la espalda – he tomado el sol demasiado.

6 A: ¿Qué te ha pasado?
  B: Me he torcido el tobillo y no puedo andar.

7 A: ¿Qué te ha pasado?
  B: Me duele muchísimo la garganta no puedo hablar.

8 A: ¿Qué te ha pasado?
  B: Me han salido unos granos por todo el cuerpo.

■ 13

Pedro ¿Qué has hecho?

Carmen He ido de vacaciones.

Pedro ¿Adónde has ido?

Carmen He ido a México. Y tú, ¿qué has hecho?

Pedro He tenido muchos problemas.

Carmen ¿Qué te ha pasado?

Pedro He perdido mi trabajo y he estado enfermo.

■ 17

Material: de plástico, de madera, de oro, de plata, de metal (metálico), de seda, de lana, de tela, de piel

Forma: redondo, redonda; cuadrado, cuadrada; rectangular; alargado, alargada

Tamaño: grande; pequeño, pequeña; mediano, mediana

Diseño: estampado, estampada; liso, lisa; de rayas, de listas

■ 18

1 Señora Buenos días. He perdido una cartera de piel negra con documentos. Creo que me la he dejado en un taxi. ¿La ha traído alguien?

Empleado Espere un momento, por favor … Sí,

aquí la tiene. La ha traido el taxista.

2 Señora Buenos días. ¿Podría decirme si han encontrado una chaqueta de lana roja?

Empleado A ver … un momento. Pues, no, no la tenemos aquí. Lo siento.

3 Señora Buenas tardes. He perdido un paraguas azul que tiene el mango de madera. ¿Lo tienen aquí?

Empleado Un momento. Mire, tengo estos. ¿Es su paraguas?

Señora Pues, no.

Empleado Si quiere volver mañana, quizás lo tendrá.

Señora Sí. Volveré mañana.

■ 23

Señora Buenos días, vengo a denunciar un robo. Me han robado el bolso.

Policía ¿Cuándo ocurrió el robo?

Señora Ayer por la noche, a las diez más o menos.

Policía ¿Dónde ocurrió exactamente?

Señora En la estación, estaba en la cafetería con mi marido y mis hijas. Tenía el bolso en el suelo.

Policía ¿Vio a la persona que lo cogió?

Señora Sí, era un chico joven, era alto y rubio, llevaba gafas y tenía barba.

Policía ¿Cómo es su bolso?

Señora Es mediano, de tela, de color marrón.

Policía Y ¿qué había dentro del bolso?

Señora Pues, había una cartera con todo mi dinero, unos quinientos euros, había una cámara, mi pasaporte, el carnet de conducir y el de mi marido, los pasaportes de mis hijas, las gafas de sol de mi marido, también había un estuche pequeño con mis joyas, dos libros …

Policía Bueno, tiene que rellenar esta ficha.

■ 24

Policía Y ¿qué había dentro del bolso?

Señora Pues, había una cartera con todo mi dinero, unos quinientos euros, había una cámara, mi pasaporte, el carnet de conducir y el de mi marido, los pasaportes de mis hijas, las gafas de sol de mi marido, también había un estuche pequeño con mis joyas, dos libros …

■ Vocabulario en casa
Agua (averías)
Alcohólicos anónimos
Ambulancias
Ambulatorio
Auxilio en carretera
Bomberos
Centro de atención a las drogodependencias
Centro de información de los derechos de la mujer
Clínicas
Comisaría de policía
Cruz Roja
Guardia civil de tráfico
Oficina de información al consumidor
Oficina de información, sugerencias y reclamaciones
Policía municipal
Protección civil
Radio-taxi
Urgencias

Lección 14
Repaso y ampliación
■ 1
1 Me gusta nadar, bailar, el cine, pero no el teatro. Me gustan mucho las fiestas. No me gustan los museos ni el ajedrez.
2 Me gustan los deportes arriesgados, como el paracaidismo. No me gusta el agua ni nadar ni pasear.
3 Soy muy tranquila. Me gusta ir a sitios tranquilos como los museos. Me gusta la cultura, voy mucho al teatro. Los deportes no me gustan, pero me gusta el ajedrez. No me gustan las fiestas, no me gusta bailar.

■ 2
1 El ajedrez es muy aburrido. Los museos son para intelectuales aburridos también. Me gusta nadar porque es muy sano y es bueno para estar en forma y bailar porque es muy divertido.
2 El paracaidismo es divertido y emocionante. Pescar es muy aburrido.
3 Me gusta pescar, la pesca es relajante y agradable. El paracaidismo es un deporte peligroso. No me gustan los deportes peligrosos. El teatro es interesante.

■ 5
1
Chico ¿Qué programas te gustan, Carlos?

Carlos Me gustan los programas de deportes, porque me gustan mucho los deportes, claro. Y me encantan los documentales, sobre todo los de viajes. Son muy interesantes.

Chico ¿Y qué programas no te gustan?

Carlos No gustan las telenovelas, son aburridas y muyyyy largas y, nunca terminan.

2

Chico Isabel, ¿qué programas te gustan?

Isabel Me gustan las películas en la tele, sobre todo las comedias, son divertidas. Me encantan los programas de música, porque me gusta mucho la música y me gusta cantar.

Chico ¿Y qué programas no te gustan?

Isabel No me gustan los concursos. No son interesantes.

3

Chico ¿Qué programas te gustan, Ana?

Ana Me gustan los programas de entrevistas a gente famosa, son interesantes.

También me gustan los concursos, son emocionantes.

Chico ¿Y qué programas no te gustan?

Ana No me gustan los programas de noticias. Siempre hablan de problemas y cosas horribles.

■ 6

1 En este programa el presentador va a hablar con gente muy famosa. Es un programa de entrevistas.

2 Ésta es una serie de muchos episodios que trata de las complicadas relaciones entre varias personas. Es una telenovela.

3 Hoy, los concursantes juegan por llevarse un premio de mucho dinero o un coche. Es un concurso.

4 Esta tarde vais a ver a varios grupos famosos que van a presentar sus nuevos discos. Es un programa de música.

5 Después veremos cómo viven los osos en los grandes bosques del norte. Es un documental.

6 A continuación verán el programa más divertido de la tele, que les hará reír sin parar. Es una comedia.

7 Y después de comer el programa para los niños que también gusta a los mayores. Son unos dibujos animados.

8 Esta semana aparece en nuestro programa un cantante, un bailarín argentino y un mago. Es un programa de variedades.

9 Después te ofreceremos la información de lo que pasa en todo el mundo. Son las noticias.

10 Y esta noche, en vez de ir al cine, quédate en casa, para ver nuestra sesión de noche. Es una película.

■ 9

Rosa María Jesús, dime dónde está tu pueblo y cómo es.

María Jesús Mi pueblo se llama Belchite. Está a cincuenta kilómetros de Zaragoza. Es un pueblo pequeño, sólo unos mil ochocientos habitantes. Es muy nuevo ya que fue destruido el antiguo Belchite en la guerra civil. Lo inauguraron en mil novecientos cincuenta y cuatro, por lo tanto todas las casas son nuevas. Tiene unas calles muy amplias y las casas también son bastante grandes. Tenemos iglesia, ayuntamiento, teatro, y para la gente joven hay bastantes bares y discotecas.

■ 12

Rosa ¿Puedes hablarme un poco de tu trabajo?

María Jesús Yo tengo dos trabajos, uno de invierno y otro de verano. En invierno trabajo de recepcionista en un hotel y en verano trabajo de guía turística en mi pueblo, en Belchite. El antiguo pueblo de Belchite se conserva como monumento histórico nacional y la gente viene a visitarlo.

Rosa Háblame de tu trabajo como guía.

María Jesús Me suelo levantar a las nueve de la mañana, espero que venga el grupo de turistas y después, cuando ya estamos todos reunidos, hacemos un recorrido por el antiguo pueblo de Belchite. Yo les digo donde estaba el ayuntamiento, la iglesia, los principales edificios del pueblo y eso es todo. Después hacemos otra pequeña visita del pueblo nuevo.

Rosa ¿A qué hora terminas tu trabajo?

María Jesús Por las mañanas sobre la una del mediodía. Voy a casa y como, y después por la tarde, si hay más turistas, trabajo otra vez, y si no, he terminado.

Rosa ¿Cómo es tu trabajo en el hotel?

María Jesús Mi trabajo en el hotel es muy divertido. Trabajo bien turno de mañana o turno de tarde. Si trabajo por la mañana, empiezo a las ocho y termino a las cuatro, y si trabajo por la tarde, empiezo a las cuatro y termino a las doce.

Rosa ¿Dónde está el hotel?

María Jesús El hotel está situado en los Pirineos, está a pie de pista en una estación de esquí.

■ 17

Teresa Buenos días, quiero dos sellos para Inglaterra y uno para Irlanda, por favor. ¿Cuánto cuestan?

Empleado Son un euro con cincuenta cada sello. Todos cuestan lo mismo.

Teresa ¿Valen lo mismo los sellos para postal?

Empleado No, la postal sólo es un euro.

Teresa ¿Puedo mandar esta carta certificada?

Empleado Sí, vamos a ver cuanto pesa … son dos euros cincuenta. ¿Quieres algo más?

Teresa Sí, quiero enviar este paquete. ¿Tardará mucho en llegar? Es un regalo para mi amiga.

Empleado No tardará mucho, no creo … ¿Para cuándo tiene que llegar?

Teresa Es para su cumpleaños, que es el día 14 … dentro de seis días.

Empleado Sí, llegará. Tardará unos cuatro o cinco días, no te preocupes.

Teresa ¿Puedo mandarlo expres?

Empleado Sí, pero no hace falta, es muy caro. Seguro que llega a tiempo.

Teresa Bueno, es que es muy importante.

Empleado Oye, pero … en esta carta falta algo, ¿no?

Teresa ¡Ah, si! ¡Ufff, falta la dirección!

Empleado Ah, pues ponla porque si no no llegará.

Teresa Sí … sí, claro … ¿Tiene un bolígrafo?

Empleado Bueno, dímela y la pongo yo.

Teresa Bueno. … es número 25, Braemar Road, Londres NW6 8EH

Empleado ¿Cómo?

Teresa Se escribe B-R-A-E-M-A-R y el número se pone delante, y el código postal NW6 8EH se pone detrás.

Empleado Ah, vale, vale, ¡qué raro!

■ 20

Vamos a ver un reportaje de lo que fue el viaje del año pasado. La aventura transcurrió a bordo del barco Guanahani con 500 jóvenes entre 16 y 17 años, originarios de 26 países. El objetivo del viaje era reproducir el itinerario que Cristóbal Colón siguió en su segunda ruta a América. El viaje se inició en el puerto de Huelva desde donde fueron a Tenerife, la Gomera y Hierro. Ya en América atracaron en San Juan de Puerto Rico, Santo Domingo, Puerto Plata, Isabela y Puerto Navidad. Desde La

Habana se puso rumbo a Miami y finalmente a Guanahani en San Salvador para regresar hasta Lisboa y atracar en el puerto de Cádiz casi un mes después.

Vamos a ver un reportaje sobre cómo es el viaje de este año. Aventura Americana es tu oportunidad de repetir el tercer viaje de Colón a tierras americanas junto a 400 jóvenes de 24 nacionalidades. Sabrás como es la vida a bordo de un barco, cruzarás al Atlántico, conocerás La Gomera, Las Islas de Cabo Verde, las Bocas del Orinoco, el Salto del Ángel, Ciudad Bolívar, Trinidad, Santo Domingo, la isla de Madeira, y podrás vivir la selva de cerca navegando en canoa y explorando tierras nuevas donde no ha llegado la civilización. Todo esto asesorados por un equipo de profesores expertos viajeros. Para que América sea más tuya después de treinta y dos días con la Aventura Americana.

■ 24

Ésta es la familia Pérez de vacaciones en la ciudad. ¿Qué están haciendo en la foto?

La madre está bebiendo agua mineral. El padre está haciendo una foto a un monumento. La hija pequeña está comiendo un bocadillo, la hija mediana está hablando por teléfono. El hijo pequeño está llorando, los gemelos están jugando, el niño está atacando a las palomas y la niña está jugando con el perro. El hijo mayor está leyendo un libro y la hija mayor está hablando con un chico. El bebé está durmiendo.

■ 26

Cliente Oiga, mire, la habitación está sucia y es horrible: la cama está rota, la calefacción no funciona, la luz no funciona, la lámpara de la mesita no tiene bombilla, las sábanas están sucias, la ventana está rota, y falta una almohada. En el cuarto de baño, la luz no funciona tampoco, la ducha está rota, los grifos están rotos, el espejo está roto también, la bañera está sucia, no hay papel higiénico, y no hay toallas. ¡Este hotel es un desastre!

Directora Sí, señor pero, ¿qué puedo hacer yo?

Cliente Pero usted es la directora …

Directora Sí, pero ¡todos están de vacaciones!

Cliente Bueno, pues me voy a otro hotel.

Directora Pero señor … ¿quiere otra habitación?

Cliente No. ¡Me voy!

■ 27

1 **Mujer** Pero, ¡qué sosa está la sopa! Camarero, la sopa está sosa, ¿dónde está el salero?

2 **Mujer** ¡Aggg! ¡Está demasiado caliente!

3 **Hombre** Pero, ¡qué frío está el café! Camarero, el café está frío.

4 **Mujer** ¡Camarero! ¡Esta carne está quemada!

5 **Mujer** Camarero, falta un vaso.

6 **Hombre** Pero, ¡qué sucia está la mesa! Camarero, la mesa está sucia.

7 **Mujer** Camarero, falta una servilleta.

8 **Hombre** Camarero, faltan la cuchara y el tenedor.

9 **Mujer** Camarero, yo no tengo cuchillo.

10 **Hombre** Pero, ¡qué sucia está la copa! Camarero, la

11 **Mujer** Camarero, hay un pelo en mi sopa.

12 **Hombre** Camarero, hay una mosca en mi ensalada.

■ 29

Fiestas en España

En España se celebran muchas fiestas en todas las ciudades y pueblos, además de las fiestas que son comunes a todos. En invierno, después de la Navidad, se celebra el día seis de enero la fiesta de los Reyes Magos, que es cuando los niños reciben los regalos. Después, en febrero celebramos los carnavales que están llenos de color y música. Los más famosos son los de Tenerife y Cádiz, en Andalucía. En Semana Santa hay procesiones religiosas en toda España, pero las más famosas son las de Andalucía, especialmente las de Sevilla. También en Sevilla se celebra la famosa Feria de Abril. Un mes antes, el diecinueve de marzo, tienen lugar las Fallas de Valencia. El veinticuatro de junio es el día de San Juan y se celebra la entrada del verano con enormes hogueras y fuegos artificiales.

Probablemente las fiestas más conocidas son las de San Fermín, en Pamplona, son el siete de julio y hay encierros de toros por las calles de la ciudad. El día quince de agosto es el día de la Asunción, ese día hay muchísimas fiestas en todas partes, es la fecha más importante del verano. En otoño hay menos fiestas, pero las más importantes son las fiestas del Pilar de Zaragoza, que se celebran el doce de octubre. El uno de noviembre es el día de Todos los Santos y el seis de diciembre se celebra el día de la Constitución y ya estamos en Navidad, con la Noche buena, el día de Navidad, la Noche Vieja y el día de Año Nuevo. Por eso decimos que ¡España es un país de fiestas!

Audio content

The *Pasos 1* audio material consists of three CDs, as follows:

CD 1

Pronunciación: track 1
Lección 1: tracks 2–18
Lección 2: tracks 19–36
Lección 3: tracks 37–52
Lección 4: tracks 53–66
Lección 5: tracks 67–79

CD 2

Lección 6: tracks 1–17
Lección 7: tracks 18–25
Lección 8: tracks 26–37
Lección 9: tracks 38–53
Lección 10: tracks 54–64

CD 3

Lección 11: tracks 1–17
Lección 12: tracks 18–29
Lección 13: tracks 30–43
Lección 14: tracks 44–54